존경받는 사람의 7가지 DNA

강문호 지음

존경받는 사람의 7가지 DNA
1. 무소유
2. 유머
3. 집착
4. 역발상
5. 말
6. 구제
7. 노을 성격

쿰란출판사

머리말

저는 교회 안에 제 개인 기도실을 가지고 있습니다.
제 기도실에서 오직 하나님과 더불어 교제하는 시간이 제 일과 중에서 가장 행복한 시간입니다.
제 기도실 안쪽 정면에는 이런 글이 적혀 있습니다.

> 하나님!
> 나로 하여금 유명한 목사가 아니라, 존경받는 목사가 되게 해주세요.

저는 유명하고 싶지 않습니다. 존경받고 싶습니다. 그래서 어떻게 하면 존경받는 사람이 될 수 있을지 관심을 가지기 시작하였습니다.
존경받는 사람을 보면 존경받을 만한 DNA가 흐르고 있습니다. 그것이 무엇인지를 찾아보고 싶었습니다.

대학 강의실에서 교수님이 물었습니다.
"너희들이 가지고 싶은 것이 무엇이냐?"
교수님은 학생들의 대답이 이렇게 나오리라 생각하고 물은 것입니다.
"스마트폰, 애인, 좋은 취직 자리, 그림 같은 집, 세계 여행……"
그러나 의외였습니다. 학생들은 대답하였습니다.
"감동"

현대인들은 감동을 그리워합니다.
감동이 없는 시대에 살고 있다는 말입니다. 감동을 줄 수 있는 사람, 그 무엇인가 존경하고 싶은 사람을 찾고 있습니다. 이 책이 그 해답을 주었으면 좋겠습니다.
모든 영광을 하나님께 돌립니다.

2011년 5월 10일
갈보리교회 담임목사
강문호

contents

머리말 _ 02

■ 들어가는 말 _ 08

■ 민족에 흐르는 DNA _ 10
 독일인에게 흐르는 DNA
 일본인에게 흐르는 DNA
 중국인에게 흐르는 DNA
 한국인에게 흐르는 DNA
 이스라엘인에게 흐르는 DNA

■ 가문에 흐르는 DNA _ 18
 구제의 DNA ǀ 사고의 DNA ǀ 자살의 DNA
 혈기의 DNA ǀ 도둑질의 DNA ǀ 경건의 DNA
 축복의 DNA ǀ 거짓말의 DNA ǀ 음란의 DNA

- 제1의 DNA **무소유** _52

- 제2의 DNA **유머** _90

- 제3의 DNA **집착** _111

- 제4의 DNA **역발상** _132

- 제5의 DNA **말** _157

- 제6의 DNA **구제** _182

- 제7의 DNA **노을 성격** _198

맺는 말 _227

- 제1의 DNA 무소유
- 제2의 DNA 유머
- 제3의 DNA 집착
- 제4의 DNA 역발상
- 제5의 DNA 말
- 제6의 DNA 구제
- 제7의 DNA 노을 성격

존경받는 사람의
7가지 DNA

이제부터 존경받는 사람의 DNA가
무엇인지를 찾아
인격의 영성 여행을 떠나려고 합니다.

들어가는 말

　사람마다 독특한 유전 인자가 있습니다. 이를 DNA라고 합니다. 몇 년 전에 이스라엘에서 놀라운 일이 일어났습니다.
　지금 이스라엘 백성들은 레위 지파를 찾아내고 있습니다. 약 5만 명 가량을 찾았다고 하는 소식입니다. 70년 7월 9일 그들은 나라를 잃었습니다. 그리고 1948년 5월 14일 나라를 찾았습니다. 1,900년 만에 나라를 찾은 것입니다. 이 세상에 유례가 없는 일이었습니다.
　그 정도면 다 소멸되고 말 텐데, 이스라엘 민족은 세계 어느 곳에 쫓겨 가서 살든지 이스라엘의 DNA를 유지하고 있다는 동질성으로 만났습니다.
　그런데 그중에서도 제사장 레위 지파를 찾아낸다는 것은 놀라운 일입니다. 하지만 더 놀라운 일이 일어났습니다. 이스라엘 백성들은 대제사장 가문을 찾고자 애쓰고 있었습니다. 그러던 중에 대제사장 가야바 집에서 가야바의 뼛조각을 찾았습니다. 아주 조그만 조각입니다.

당시 이스라엘 백성들은 자기 집 지하실에 장례를 치르기도 하였습니다. 그 뼛조각으로 대제사장 가문의 DNA를 찾았습니다. 그리고 이스라엘 백성들의 DNA를 조사하여 드디어 대제사장 가문을 찾아냈습니다.

놀라운 일입니다.

2천 년 만에 대제사장 가문을 찾아냈다는 것은 기적 중의 기적입니다. 그래서 같은 DNA를 가진 처녀, 총각을 결혼시켰습니다. 그들이 아들을 낳았습니다. 지금 6살이라는 보도입니다.

그가 성전이 복원되면 대제사장입니다.

이같이 DNA는 중요한 것입니다.

민족에 흐르는 DNA

독일인에게 흐르는 DNA

독일 민족에게는 게르만의 피가 흐르고 있습니다. 그 피는 자기 민족에 대한 자부심입니다. 결코 누구에게도 지지 않는다는 우월성의 피입니다. 남에게 의지하지 않고 나대로 사는 자신감의 피입니다. 독일 민족에게는 이런 피가 줄줄 흐르고 있습니다.

독일에서 공부한 유학생의 고백입니다.
독일인 학생과 룸메이트가 되어 기숙사에서 같이 살고 있었습니다. 밤중에 집에서 어머니로부터 전화가 왔습니다.
"아들아! 아버지가 돌아가시려고 한다. 첫 비행기로 빨리 내려와라. 아버지가 너를 보고 싶어하신다."

전화를 끊자마자 아들은 비행장으로 달렸습니다. 물론 한국인 유학생 룸메이트가 운전하여 준 것입니다. 전속력으로 달렸습니다. 신호 위반, 속도 위반을 하였습니다. 첫 비행기 시간이 임박하였기 때문입니다.

거리에 카메라가 없을 때였습니다. 간신히 첫 비행기를 타게 하였습니다. 독일인 친구는 고맙다고 인사할 겨를도 없이 뛰어 들어갔습니다.

이틀이 지났습니다.

속도 위반, 신호 위반 딱지가 3장이 날아왔습니다. 이상했습니다. 밤중이라 누가 본 사람도 없었는데 말입니다. 물론 카메라도 없었습니다.

"누가 신고했나?"

이상하게 여길 뿐이었습니다. 3일장이 끝나고 조금 여유가 생기자 친구에게서 전화가 왔습니다.

"친구야! 고마워. 네 덕분에 아버지의 임종을 지켜볼 수 있었어. 네가 그렇게 하지 않았으면 아버지 임종을 볼 수 없었지. 고마워. 그런데 네가 신호 위반, 속도 위반을 세 번 했다. 그래서 내가 신고했어. 고마운 것은 고마운 것이고, 위반은 위반이지."

어이가 없었습니다. 그러나 그 다음 말이 더 놀라웠습니다.

"친구야! 그 딱지 값은 내가 낸다."

이것이 게르만의 DNA입니다.

독일 민족에는 이런 강한 DNA가 흐르고 있습니다.

일본인에게 흐르는 DNA

일본 사람에게는 사무라이 DNA가 흐르고 있습니다.
벚꽃과 같이 화끈한 피가 흐르고 있습니다. 일본의 정신이기도 합니다. 일본 사무라이 정신은 책임지는 정신입니다.

이런 이야기가 있습니다.
어느 가게 주인이 손자를 데리고 할아버지에게 왔습니다. 학교에서 돌아오는 길에 이 아이가 가게에서 빵을 훔쳐 먹었다는 것입니다. 그런데 말했습니다.
"당신 손자가 우리 가게에 들어와서 빵을 훔쳐 먹었습니다. 그리고 안 먹었다고 거짓말을 뻔뻔스럽게 합니다. 빵값을 내시오. 그리고 교육도 시키십시오."
할아버지가 손자에게 물었습니다.
"너 정말 빵을 훔쳐 먹었니?"
손자가 말했습니다.
"훔쳐 먹지 않았어요. 나 학교에서 돌아오는 길이라 배고파요. 그러나 훔쳐 먹지 않았어요. 친구가 훔쳐 먹었어요. 난 절대로 안 훔쳐 먹었어요."
그러나 가게 주인은 막무가내였습니다. 분명히 이 아이가 훔쳐 먹었다는 것입니다. 할아버지가 손자에게 몇 번 물어도 마찬가지였습니다. 할아버지는 화가 치밀어 칼을 가지고 와서 손자의 배를 갈랐습니다. 빈속이었습니다. 주인이 멍하게 보고 있을 때 칼을 주면서 말했습니다.

"이 아이를 죽인 책임을 지고 죽으시오."

그 주인은 사무라이 정신이 흐르고 있었습니다. 아이를 죽게 한 책임, 의심한 책임을 지고 자살하였습니다. 할아버지도 두 명을 죽게 한 책임을 지고 자살하였습니다.

이것이 사무라이 정신입니다. 일본 사람들 속에는 이런 사무라이 DNA가 면면히 흐르고 있습니다.

중국인에게 흐르는 DNA

중국 사람에게는 '만만디'의 DNA가 줄기차게 흐르고 있습니다. 중국에 가면 제일 먼저 배우는 말이 '만만디'(천천히)라는 말입니다.

중국인들은 무슨 일을 하든지 결코 서두르지 않습니다. 만만디입니다. 만만디라는 말이 나오게 된 동기를 저는 중국 양쯔 강에서 들은 적이 있습니다.

양쯔 강 상류에서 배를 타고 하류로 내려가는 이가 있었습니다. 이 사람은 배에 오리 알을 실었습니다. 그리고 유유히 유람을 하면서 하류로 내려가면 오리 알에서 오리 새끼가 태어납니다. 오리 새끼를 배 위에서 기릅니다. 그러면 그 새끼가 자라서 알을 낳는 어미가 됩니다. 또 알을 낳습니다. 그리고 또다시 오리 새끼를 깝니다.

나중에 양쯔 강 하류로 오면 큰 배에 오리가 가득하게 됩니다. 그러면 그 오리를 다 팔아 양식을 싣고 양쯔 강 상류로 또 유람하면서 올라옵니다. 계속 이렇게 반복합니다. 이렇게 양쯔 강을 세 번만 왕복하면 일생이 끝난다는 것입니다.

여기에서 만만디라는 말이 생겼습니다. 중국인의 여유입니다. 그들은 죽어가면서 외칩니다.

"오늘 못 죽으면 내일 죽지."

이것이 중국 사람에게 흐르는 여유의 DNA입니다.

경찰이 도둑을 쫓다가 잃어버렸습니다. 경찰은 조금도 실망하지 않고 공동묘지로 가서 앉아 말합니다.

"언젠가는 이곳으로 오겠지."

이렇게 이것이 중국 사람에게 흐르는 만만디의 DNA입니다.

한국인에게 흐르는 DNA

한국 사람들에게 흐르는 DNA는 중국 사람의 '만만디'와 달리 '빨리빨리'의 DNA가 흐르고 있습니다. 조급합니다. 여기서 조급한 것이 좋은 것인지 나쁜 것이지 논하자는 것은 아닙니다.

우물가에서 숭늉을 달라고 조르는 식으로 급합니다.

그러니 한국에 오면 외국인이 제일 먼저 배우는 말이 '빨리빨리'라는 말입니다. 그래서 외국인은 우리 한국 사람을 향하여 '미스터 빨리빨리'라고 부릅니다.

이런 이야기는 한국을 대표하는 이야기입니다.

노인들이 모여서 사위 자랑을 하고 있었습니다. 한 노인이 자기 사위를 자랑하였습니다. 매일 논두렁에 나가서 벼가 자라기를 기다렸습니다. 그런데 벼 이삭이 더디 자라는 것이었습니다.

조바심을 느끼는 장인을 바라보던 사위는 어느 날 논에 나가서 벼 이삭을 모두 뽑아 올렸습니다. 그리고 집으로 돌아오더니 익지도 않은 벼를 베겠다고 낫을 갈고 있었습니다. 노인은 이런 사위라며 시원스럽지 않느냐고 자기 사위를 자랑하였습니다.

이런 자랑을 듣던 한 노인도 질세라 자기 사위 자랑을 늘어놓았습니다.

이 노인은 성질이 좀 급하고 빠릿빠릿한 사위를 얻겠다고 여기저기 그런 총각을 찾아다녔습니다. 어느 날 한 총각이 논두렁에서 소변을 보려고 하면서 바지를 내리지 않고 낫으로 바지 끈을 끊어 버리는 것이었습니다.

노인은 생각하였습니다.

'저 정도면 내 사위로 삼을 만하다.'

그래서 그에게로 가서 이런 대화가 이어졌습니다.

"자네, 내 사위가 되어 주게나!"

"당장 그렇게 하겠습니다."

"속시원한 대답을 하는구먼! 그러면 3개월 결혼 준비를 하지!"

"3개월이 뭡니까? 당장 내일 하십시다."

"허허! 나도 급한 것을 좋아하지만 자네는 너무 급하구먼! 그럼 내일 내 딸과 결혼식을 올리도록 하지!"

그래서 그 다음 날 급작스럽게 결혼식을 거행하였습니다. 그런데 그날 밤 사위가 자기 딸을 개 패듯이 패는 것이었습니다. 깜짝 놀라서 가서 말리면서 왜 그러느냐고 물었습니다. 사위가 말했습니다.

"아이를 안 낳잖아요."
이것이 한국 사람들 속에 흐르는 '빨리빨리'의 DNA입니다.

한국 사람들 속에는 된장찌개의 DNA도 흐르고 있습니다.
우리 교회에서 성막 세미나를 할 때였습니다. 러시아에서 목사님들 30명이 참석하였습니다. 그중에 7명은 고려인이었습니다. 그런데 이들은 한국이 처음이었습니다. 한국말도 전혀 못하였습니다. 모습만 한국인이지 사실상 러시아 사람이었습니다. 23명은 순수한 러시아 목사님이셨습니다. 모두가 한국이 처음이었습니다.
3일을 머물렀습니다. 어느 날 된장찌개를 대접하였습니다. 그런데 이상한 일이 일어났습니다. 순수 러시아인 목사님들은 한 숟가락 입에 들어가자마자 토하는 것이었습니다. 전혀 입맛에 맞지 않다는 것이었습니다. 그런데 고려인 목사님들은 맛있다고 다 먹었습니다.
한국 사람들 속에는 된장찌개의 DNA가 흐르고 있는 것을 역력히 볼 수 있었습니다.
이같이 민족마다 DNA가 다르게 흐르고 있습니다.

이스라엘인에게 흐르는 DNA

이스라엘 사람들 속에는 안식일의 DNA가 흐르고 있습니다. 이스라엘 백성들은 안식일을 지킵니다. 그들의 바꿀 수 없는 전통입니다.
"지붕 위의 바이올린"이라는 영화가 있습니다.
러시아 157개 유대인 마을에서 살고 있는 유대인 이야기입니다.

러시아는 눈이 많이 오는 나라입니다. 그래서 지붕이 가파릅니다. 많은 눈이 빨리 흘러내리지 않으면 지붕이 내려앉게 됩니다. 위험합니다. 그래서 지붕은 경사가 가팔라야 합니다. 눈이 내리면 그대로 쏟아지게 되어 있습니다. 그런 지붕 위에서 언제 죽을지 모르면서 바이올린을 연주합니다.

내일 죽을망정 오늘 즐기는 DNA가 흐르고 있습니다. 1,900년 동안 나라를 잃어버리고도 여유를 가지고 살아가는 민족성의 DNA입니다. 그런 속에서도 안식일은 끔찍이 철저히 지켜 나가는 전통을 고집하는 가문 이야기입니다.

그래서 이스라엘 백성들은 말하고 있습니다.

"우리가 안식일을 지킨 것이 아니라 안식일이 우리를 지켰다."

이스라엘 민족 속에는 안식일의 DNA가 면면히 흐르고 있습니다.

가문에 흐르는 DNA

　가문마다 다르게 DNA가 흐르고 있는 것을 보게 됩니다. 그래서 가문에 무엇이 흐르는가를 보는 것은 대단히 중요합니다.
　옛날에는 양반이 있었고, 상놈이 있었습니다. 양반은 안방에, 상놈은 문간방에 살고 있었습니다. 그런데 동시에 같은 날 아이를 낳게 되었습니다. 산파 한 명이 아이를 해산하러 갔습니다. 모든 것이 순조로웠습니다.
　그런데 이상한 현상이 생겼습니다.
　문간방에서 자라고 있는 상놈의 아들은 자라면서 외쳤습니다.
　"여봐라!"
　그런데 안방에서 자라고 있는 양반의 아들은 굽실거리며 자랐습니다.
　"네……네……."

이상해서 조사하여 보았습니다. 산파의 대실수가 발견되었습니다. 아이를 받던 산파의 실수로 아이가 바뀐 것입니다. 양반의 아들은 문간방에서 아무리 상놈이 길러도 양반의 DNA가 흐르고 있었습니다. 상놈의 자녀는 아무리 안방에서 양반이 길러도 상놈의 DNA가 흐르고 있었습니다.

이것이 가문에 흐르는 DNA입니다.

구제의 DNA

전라도 어느 가문의 이야기입니다.

전남 구례의 지리산 밑에 자리한 99칸 고택(古宅) 운조루(雲鳥樓)에는 누구나 쌀을 마음대로 퍼갈 수 있는 뒤주가 남아 있습니다. 쌀 두 가마 반쯤이 들어가는 큰 뒤주입니다. 그 뒤주 손잡이에는 이런 글이 쓰여져 있습니다.

"타인능해(他人能解)"(다른 사람도 마음대로 이 마개를 열 수 있다.)

가난한 사람들에게 도움을 주고 싶은데 그들의 자존심을 상하게 할까봐 두려워하는 마음으로 이런 뒤주를 만들어 놓고, 가난한 이들이 몰래 와서 쌀을 퍼가게 하였던 것입니다. 그 마을에 살고 있는 류씨 가문의 아름다운 이야기입니다.

그 가문 내내 그렇게 하였다는 것입니다. 류씨 가문에는 구제가 흐르고 있습니다. 그 가문의 DNA입니다.

사고의 DNA

술이 흐르는 가문이 있습니다.

케네디 대통령의 할아버지는 영국 대사였습니다. 당시 미국은 술 문제가 심각하였습니다. 술 때문에 교통사고, 총기 사고가 꼬리를 이었습니다. 그래서 온 미국 내에 금주령이 내려졌습니다. 양조장도 다 없애 버렸습니다. 애주가들은 술을 마시고 싶어서 몸부림치고 있었습니다.

어느 정도 안정이 되었습니다. 정부는 금주령 해제 날짜를 정해 놓고 있었습니다. 일급비밀이었습니다. 영국 대사로 있던 케네디 할아버지가 이 사실을 알았습니다. 산더미 같은 큰 배에 술을 잔뜩 싣고 뉴욕 항으로 술 해제 날짜에 맞추어 왔습니다. 해제 보도가 나오기를 기다리고 있었습니다.

술 해제 방송이 나오자마자, 뉴욕 항에 배를 대고 술을 팔기 시작하였습니다. 미국의 돈을 휩쓸었습니다. 알코올 중독자가 길에 즐비하였습니다. 총기 사고로 수많은 사람이 죽었습니다. 교통사고로 수많은 사람이 아픔을 당하였습니다. 그 돈이 케네디를 대통령으로 만드는 데 사용되었습니다.

좋지 않은 돈이 사용된 결과는 비참하였습니다.

대사의 장남 조지프 케네디 2세는 1944년 전쟁터에서 전사하였습니다.

차남인 존 F. 케네디는 대통령이 되었지만 1963년에 피살되었습니다. 케네디 대통령은 재클린과 결혼하여 1남 1녀를 낳았습니다. 아들 패트릭은 케네디 대통령이 암살되기 석 달 전 미숙아로 태어나서 이틀 만에 죽었습니다. 차녀 케슬린 케네디는 1948년에 비행기 사고로 죽었습니다. 재클린은 오나시스 그리스 선박 왕에게 시집을 가버렸습니다. 완전히 쑥밭이 되어 버렸습니다.

3남 로버트 케네디는 법무부 장관이 되었습니다. 그러나 1968년에 암살되었습니다. 그에게는 8남 3녀가 있었는데, 아들 데이비드 케네디가 1984년에 마약 과다 복용으로 사망하였습니다. 마이클 케네디는 1997년 12월 31일 콜로라도 주 애스펀 스키장에서 스키를 타다가 스키 사고로 죽었습니다.

하나님이 보시기에 좋지 않은 불의한 돈으로 잘되어 보아야 결과가 좋지 않습니다. 가정에 흐르는 뿌리가 가정을 파괴합니다.

자살의 DNA

자살의 못된 유전 인자가 흐르는 가문도 있습니다.

우리 교회 어느 가정에 3형제가 있었습니다. 아버지가 소나무에 목매달아 자살을 하였습니다. 그런데 1년 후 큰아들이 아버지가 보고 싶다면서 그 나무에 목을 매어 아버지처럼 자살하였습니다.

그후 몇 년이 지났습니다. 둘째 아들이 화가 난다고 자살하고 말았습니다. 집사인 어머니가 저에게 부탁하였습니다.

"목사님! 저 막내마저 자살할까 두렵습니다. 만일 저놈까지 자살하면 나도 자살할 것입니다. 기도하여 주십시오."

자살의 DNA가 흐르는 가문이 있습니다.

혈기의 DNA

욱하는 혈기가 계속 흐르는 가문이 있습니다. 쌓아 놓는 데는 10년 걸리고, 허무는 데는 10분 걸리는 혈기입니다.

우리 집안에 있었던 일입니다.
밖에서 돌아온 저는 집안이 어지럽고 컴퓨터 마우스가 내동이쳐 깨어져 있는 것을 보았습니다. 무슨 일이 일어났는지 파악하는 데는 그리 오래 걸리지 않았습니다. 대학교 4학년인 아들이 어머니와 싸우고 내던진 것입니다. 이 모습을 보는 순간 제가 대학교 다닐 때 화가 난다고 밥상을 엎었던 생각이 났습니다. 우리 가문에는 혈기가 흐르고 있었습니다. 부끄러운 이야기입니다.

우리 아파트 단지는 큰 평수와 작은 평수, 두 가지가 있습니다. 큰 평수는 주차 공간이 두 대이고, 작은 평수는 주차 공간이 하나입니다. 그런데 우리는 주차 공간이 하나인데, 차는 두 대입니다. 반면에, 우리 옆 동에 살고 있는 노인 변호사는 주차 공간은 두 대인데, 부부가 살고 있기에 차가 한 대입니다.
그런데 그 변호사는 꼭 가운데 주차합니다. 경비가 말려도 당당히 두 곳이 자기 공간이라는 것입니다. 그것을 볼 때마다 주민들은 비웃으면서 왕따시켰습니다.
그러던 어느 날 아들이 밤 10시에 들어오면서 말했습니다.
"아빠! 나 그 변호사 차 칼로 긁고 올라오는 길이다."
이 말을 듣는 순간 저는 마음이 시원하였습니다. 제가 긁고 싶은 것을 아들이 긁었던 것입니다.
 "아들아! 우리 아파트에 5천 명이 살고 있는데 하필이면 네가 긁니? 이번에는 아무 말도 하지 않을 터이니 다음부터는 그러지 말아라."
 그러면서 속으로 저는 생각하였습니다.
 '또 긁어도 말 안 해!'
 우리 가문에는 혈기의 DNA가 흐르는 가문인 것을 확인하였습니다.

도둑질의 DNA

 도둑질 인자가 흐르는 가문이 있습니다.
 어느 산파가 갓난아이를 받고 보니 손에 끼었던 금반지가 사라졌습니다. 아무리 찾아도 없었습니다. 나중에 보니 갓난아이 손에 금반지가 들려져 있었습니다. 바로 그 어머니가 도둑이었습니다.
 보지 않아도 죄는 자손에게 흐릅니다.

경건의 DNA

 가문에는 나쁜 DNA만 흐르는 것이 아닙니다. 좋은 DNA도 흐릅니다.
 미국의 조나단 가문이 있습니다. 그의 자손을 모두 조사하여 보았습니다. 700명이었습니다. 이들 중에 대학 총장 13명, 대학교 신학 교수 250명, 목사 125명, 변호사 100명, 판·검사 30명, 육해공군 장성 75명, 그리고 이들이 쓴 책이 125권이었습니다.

반대로 음주가 가문이 있었습니다. 그 가문을 조사해 보았습니다. 살인죄로 수감자 7명, 강도죄 60명, 범죄자 224명, 거지 150명, 그리고 양육원에서 보조를 받고 살아가는 이가 160명, 창녀가 199명이었습니다. 이들 중에 정당한 직업을 가진 사람은 겨우 20명이었습니다. 그중 10명은 감옥에서 배운 것이었습니다.

이렇게 좋은 DNA가 흐르는 가문이 있고, 나쁜 DNA가 흐르는 가문이 있습니다.

축복의 DNA

이스라엘에서 가장 존경받는 명문 가문은 로스차일드 가문입니다. 이스라엘은 1,900년 동안 나라를 잃어버렸다가 1948년 5월 14일 독립하였습니다. 그때 한 나라의 독립 자금을 모두 한 가정이 댔습니다. 그 가문이 로스차일드 가문입니다. 지금까지 300년 동안 이스라엘 최대의 가문으로 내려오고 있습니다.

로스차일드는 어려서부터 두뇌가 명석하였습니다. 그래서 아버지는 로스차일드를 랍비 학교에 보내어 유명한 랍비로 기르고 싶어하였습니다. 그는 유대인 신학교에 입학하여 랍비 수업을 받았습니다. 탈무드를 전공하였습니다.

그러나 12살에 부모가 세상을 떠났습니다. 더 이상 공부할 수 없어서 그는 유대인이 경영하는 오펜하임 은행에 견습공으로 취직하였습니다. 그는 이곳에서 은행과 탈무드를 종합하였습니다. 그리고 엄청난 돈을 모았습니다.

그가 가장 결정적인 부자가 된 동기는 워털루 전쟁이었습니다.

1815년 6월 20일 프랑스와의 워털루 전투 결과를 기다리던 런던 증권 거래소는 긴장하였습니다. 누가 이기느냐의 결과에 따라 시장은 '천국과 지옥' 사이를 오갈 것이 분명했기 때문입니다. 영국이 이기면 영국 주식은 폭등, 프랑스 주식은 폭락할 것입니다. 반대로, 프랑스가 이기면 반대 현상이 일어날 것입니다.

모두들 초조해 하던 순간, 네이선 로스차일드는 영국 공채를 팔기 시작하였습니다. 이를 보고 영국이 패한 것으로 판단한 투자자들은 일제히 매도 주문을 냈습니다. 공채는 즉각 폭락하였습니다. 그러나 이 때 로스차일드는 영국 주식을 매입하기 시작하였습니다. 바닥 값에서 엄청난 양을 사들였습니다. 거의 동시에 '영국군 대승' 소식이 날아들었습니다.

로스차일드는 영국과 프랑스 워털루 전쟁터 근처에 자기 범선을 대기시키고 정보를 단독으로 수집하고 있었습니다.

그에게는 아들이 5명 있었습니다. 큰아들 암셀은 독일 프랑크푸르트의 후계자로, 차남 잘로몬은 오스트리아 빈으로, 삼남 네이선은 영국 런던으로, 사남 카를은 이탈리아 나폴리로, 오남 야코프는 프랑스 파리로 보내어 금융을 장악하게 하였습니다. 유럽의 네트워크를 만든 것이었습니다.

다섯 아들은 아버지와 사투에 가까운 노력을 하였습니다. 죽을 둥 살 둥 일하였습니다.

초대네이션 마이어 로스차일드가 남긴 유언은 이것입니다.

"아들만 사업을 계승하여 나가라. 딸과 사위는 경영에 참가하지 마라."

그는 임종하는 자리에서 다섯 아들을 불러 앉혀 놓고 스키타이 왕 이야기를 마지막으로 하였습니다. 기원전 6세기 흑해 북안을 건설한 유목민 왕입니다.

"스키타이 왕이 죽을 때 아들들을 불러 놓고 묶어 놓은 화살을 꺾어 보라고 하였다. 그러나 아무도 꺾을 수 없었다. 그러자 왕은 하나하나 분리시켜 꺾어 보라고 하였다. 모두 꺾어 버렸다. 그렇다. 너희들은 화살 다발처럼 하나로 뭉치면 누구도 꺾을 수 없다. 결속이 무너지면 다 망한다. 번영도 사라진다. 하나가 되거라."

그리고 숨을 거두었습니다. 아버지의 유언을 따라 아들들이 똘똘 뭉쳐 하나가 되어 일하였습니다.

축복의 DNA가 흐르는 가문입니다.

거짓말의 DNA

아브라함의 가문을 통하여 거짓말의 DNA가 흐르는 것을 살펴보려고 합니다.

성경 전체를 통하여 하나님은 아브라함의 가문에 특별한 축복을 해주셨습니다. 그래서 아브라함의 가문은 최고의 가문입니다. 그래서 이스라엘 백성들은 기도할 때에 아브라함 가문의 이름으로 기도하였습니다.

"아브라함의 하나님, 이삭의 하나님, 야곱의 하나님."

예수님도 이렇게 말씀하셨습니다.

"나는 아브라함의 하나님이요 이삭의 하나님이요 야곱의 하나님이로라 하신 것을 읽어보지 못하였느냐 하나님은 죽은 자의 하나님이 아니요 산 자의 하나님이시니라 하시니 무리가 듣고 그의 가르치심에 놀라더라"(마 22:32-33).

"죽은 자의 살아난다는 것을 의논할진대 너희가 모세의 책 중 가시나무 떨기에 관한 글에 하나님께서 모세에게 이르시되 나는 아브라함의 하나님이요 이삭의 하나님이요 야곱의 하나님이로라 하신 말씀을 읽어보지 못하였느냐"(막 12:26).

이같이 하나님은 아브라함의 가문에 넘치도록 축복을 부어 주셨습니다. 그러나 아브라함의 가문에 백 가지 좋은 것이 흘렀지만, 한 가지 좋지 않은 것이 흐르고 있었습니다.

▌아브라함의 거짓말

아브라함의 가문에는 거짓말이 흐르고 있었습니다.
아브라함과 사라가 결혼하였습니다. 아브라함과 사라는 이복형제입니다.

"또 그는 실로 나의 이복누이로서 내 처가 되었음이니라"(창 20:12).

아브라함의 아버지 데라는 부인이 여러 명이었는데, 아브라함과 사라는 각각 이복형제였음을 성경은 증언해 주고 있습니다.

사라는 절세미인이었습니다. 아브라함은 사라와 결혼한 후 자기가 남편이라고 말하면 사람들이 자기를 죽이고 아내 사라를 빼앗을 것을 두려워하였습니다. 그래서 사라를 누이라고 말했습니다. 사실이지만 정말 사실은 아니었습니다. 누이임은 틀림없지만 아내입니다.

아브라함은 사라를 누이라고 거짓말하였습니다.

> "그 아내 사라를 자기 누이라 하였으므로 그랄 왕 아비멜렉이 보내어 사라를 취하였더니"(창 20:2).

아비멜렉 왕은 사라와 동침하려고 하다가 꿈에 하나님이 나타나셔서 이 사실을 가르쳐 주셨기에 동침하지 않을 수 있었습니다.

> "아비멜렉이 아브라함을 불러서 그에게 이르되 네가 어찌하여 우리에게 이리하느냐 내가 무슨 죄를 네게 범하였관대 네가 나와 내 나라로 큰 죄에 빠질 뻔하게 하였느냐 네가 합당치 않은 일을 내게 행하였도다 하고"(창 20:9).

그래서 아브라함은 하나님 덕분으로 자기 아내 사라를 도로 찾을 수가 있었습니다. 무엇이든지 하나님이 함께하시면 특이한 일이 일어납니다.

■ 사라의 거짓말

아브라함만 거짓말한 것이 아니었습니다. 사라도 마찬가지였습니다. 하나님께서 아브라함의 가정에 천사를 보내셨습니다. 그리고 아들을 주시겠다고 말씀하셨습니다. 이때 아브라함은 믿지 못하고 웃었습니다. 100살 노인이었기 때문입니다.

천사들은 또 사라에게 아들을 낳을 것이라고 예언의 말씀을 주었습니다. 그러나 사라는 믿지 못하고 웃었습니다.

하나님은 사라를 책망하셨습니다.

"여호와께서 아브라함에게 이르시되 사라가 왜 웃으며 이르기를 내가 늙었거늘 어떻게 아들을 낳으리요 하느냐 여호와께 능치 못한 일이 있겠느냐 기한이 이를 때에 내가 네게로 돌아오리니 사라에게 아들이 있으리라"(창 18:13-14).

이 말을 듣고 사라가 웃었습니다. 그러자 하나님께서 왜 웃느냐고 책망하셨습니다. 이때 사라는 거짓말을 하였습니다.

"사라가 두려워서 승인치 아니하여 가로되 내가 웃지 아니하였나이다 가라사대 아니라 네가 웃었느니라"(창 18:15).

사라는 차라리 이렇게 말했어야 했습니다.

"내가 지금 나이가 90세인데, 믿어지지 않아서 웃었습니다. 용서해 주십시오."

그러나 사라는 웃었습니다. 거짓말하였습니다.

부부가 함께 살면 닮는다는 말이 있습니다. 아브라함과 사라는 같이 살면서 속이는 거짓말하는 것도 닮았습니다.

이 후로 아브라함의 가문에 거짓말이 흐르는 것을 관찰하려고 합니다.

■ 이삭의 거짓말

아브라함과 사라의 거짓말은 자녀들에게 흘러 들어갔습니다. 물이 강줄기를 따라 흐르는 것처럼 가문에 좋지 않은 것도 대대로 흐르는 경우가 종종 있습니다.

이삭과 리브가가 기근을 피하여 그랄의 블레셋 왕을 만났을 때 아브라함과 사라가 한 것과 똑같은 현상이 벌어졌습니다.

"이삭이 그랄에 거하였더니 그곳 사람들이 그 아내를 물으매 그가 말하기를 그는 나의 누이라 하였으니 리브가는 보기에 아리따우므로 그곳 백성이 리브가로 인하여 자기를 죽일까 하여 그는 나의 아내라 하기를 두려워함이었더라 이삭이 거기 오래 거하였더니 이삭이 그 아내 리브가를 껴안은 것을 블레셋 왕 아비멜렉이 창으로 내다본지라 이에 아비멜렉이 이삭을 불러 이르되 그가 정녕 네 아내여늘 어찌 네 누이라 하였느냐 이삭이 그에게 대답하되 내 생각에 그를 인하여 내가 죽게 될까 두려워하였음이로라 아비멜렉이 가로되 네가 어찌 우리에게 이렇게 행하였느냐 백성 중 하나가 네 아내와 동침하기 쉬웠을 뻔하였은즉 네가 죄를 우리에게 입혔으리라 아비멜

렉이 이에 모든 백성에게 명하여 가로되 이 사람이나 그 아내에게
범하는 자는 죽이리라 하였더라"(창 26:6-11).

이삭은 아버지가 하던 것과 똑같이 거짓말을 하였습니다.
"엄마 소도 얼룩소~ 엄마 닮았습니다."
이삭이 태어나기 이전에 발생한 일이었는데 이삭은 아버지를 닮은 행동을 하였습니다. 보고 배운 것이 아닙니다. 영적으로 흘러 들어간 것입니다.
생물학적인 유전 인자가 있는 것처럼 죄의 유전 인자도 있는 것이 증명되는 순간입니다.

■ 3대 야곱의 거짓말

야곱은 거짓말의 천재입니다. 죄는 반복성, 성장성, 전염성이 있습니다. 장자의 복을 받기 위하여 이삭을 속인 것은 정말 천재적인 사기꾼의 소질을 엿보게 하고 있습니다.
눈먼 아버지에게 나아가 감쪽같이 에서로 위장하여 속입니다. 이 장면을 성경은 상세히 설명해 주고 있습니다(창 27:1-29).
야곱의 교활한 거짓말을 정리해 봅니다.

(1) 에서의 옷을 입고 아버지를 속였습니다.
(2) 염소 가죽을 목에 두르고 가서 털 많은 에서의 몸인 것처럼 속입니다.
(3) 어머니가 요리하였는데 자기가 요리하였다고 속입니다.

(4) 아버지의 염소를 잡아오고도 자기가 사냥한 고기라고 속입니다.

(5) 앞마당의 염소를 잡아오고도 하나님이 순적히 사냥하게 하였다고 속입니다.

야곱은 조상을 따라 거짓말을 하였습니다. 더 심하게 하였습니다. 개울물이 개천물이 되고, 시냇물이 되고, 강이 되고, 바다가 되듯이. 점점 반복되며 성장했습니다.

▍계속되는 거짓말

야곱의 계보는 유다로 이어집니다. 유다는 야곱의 네 번째 아들입니다. 메시아 라인이 유다를 통하여 흘렀기에 12아들 중에 가장 중요한 아들입니다.

유다는 엘, 오난, 셀라, 세 아들이 있었습니다. 엘이 다말이라는 여자와 결혼하였습니다. 엘이 아들을 낳지 못하고 죽었습니다. 아버지 유다는 둘째 아들 오난에게 형수와 아들을 낳을 때까지 살라고 말했습니다. 오난은 형수와 살면서 씨를 주지 않았습니다. 형수가 아들을 낳으면 형의 아이가 되고, 그렇게 되면 모든 재산 상속이 그 쪽으로 흐르게 될 것을 알았기 때문입니다.

하나님은 이를 안 좋게 여기셔서 오난의 생명을 거두셨습니다. 유다는 다말이라는 여자가 남편 킬러처럼 보였습니다. 막내아들 셀라와 결혼시키면 막내아들까지 죽을 것만 같았습니다. 그래서 결혼을 시키지 않았습니다. 그때 유다의 아내가 죽었습니다.

유다가 양털을 깎으러 들로 나갔습니다. 다말은 창녀로 가장하고 시아버지를 유혹하였습니다. 그리고 아이를 낳았습니다.

철저히 거짓말이 흐르는 가문이 되었습니다.

아브라함의 가문은 모든 것이 좋았습니다. 백 가지가 다 좋았습니다. 그러나 거짓말이 흐르고 있었습니다. 옥의 티였습니다.

가문마다 좋지 않은 것이 흐르고 있습니다.

여러분의 가문에는 무엇이 흐르는 것이 보입니까?

그러면 가문에 흐르는 나쁜 것을 어떻게 끊을 수 있을까요?

▌민경백 장군 이야기

먼저 저는 민경백 장군 이야기부터 하려고 합니다.

몇 년 전에 우리 곤지암 기도원에서 한국 군목 성막 세미나가 있었습니다. 국방부 군종실에서 전화가 왔습니다.

"여기 군종실인데요, 군목님들 성막 세미나 해주실 수 있겠어요?"

"우리 교회로 한국 육해공군 목사님들이 다 오신다는 것은 영광이지요. 하겠습니다."

"그런데 군 예산이 없어요, 모든 비용은 갈보리교회에서 대주세요."

"네, 그렇게 하겠습니다."

당시 309명 목사님들 중에 269명이 오셨습니다. 그때 우리 기도원 경비를 광주 공수훈련부대에 맡겼습니다. 그래서 부대장 민경백 장군이 자주 우리 기도원에 오셔서 세미나에 참석하였습니다.

잘 끝났습니다. 그러고는 한 달 후 연락이 왔습니다.

"우리 공수부대 훈련병이 700명인데, 낮에는 훈련을 받지만 밤에는 할 일이 없는데 3일 밤만 집회를 하면서 전도 좀 해주세요."

저는 가겠다고 하였습니다. 그리고 그쪽에서 이렇게 말하는 것입니다.

"그런데요, 군 예산이 없거든요. 저녁은 잡수시고 오시고, 매일 저녁 음료수 1,000원짜리 700개씩 3일만 제공해 주실 수 없을까요? 무더위에 땀을 흘리며 훈련받는 병사들에게 시원한 음료수 한 병씩 주며 전도하면 효과적일 것입니다."

저는 그렇게 하겠다고 하였습니다. 그리고 3일 전도 집회를 가졌습니다.

첫째 날, "하나님은 누구신가?"
둘째 날, "예수님은 누구신가?"
셋째 날, "구원이란 무엇인가?"

그리고 결단의 시간을 가졌는데 300명 가량이 결신하였습니다. 기분이 좋았고 하나님이 영광을 받으셨습니다. 그러던 마지막 저녁을 앞둔 시간이었습니다.

"목사님! 미안해요. 오늘은 일찍 오셔서 식사하고 설교해 주세요."

"군 예산이 없다면서요? 내가 참모님들 모두에게 식사 대접하고 싶습니다."

그래서 참모 이상들과 함께 식사를 하게 되었습니다. 그때 제 옆에 민경백 장군이 앉았습니다. 그분이 이런 간증을 하였습니다.

자기는 영락교회 권사님 딸과 약혼을 하였다는 것입니다. 그런데 장모 될 분은 동양학을 전공하신 분이었습니다. 장모가 농담으로 말했습니다.

"여보게, 나는 동양학을 공부하였는데 자네 손 좀 내밀어 보게."

그리고 손금을 장난삼아 보시더니 이렇게 말했습니다.

"자네 할아버지께서 몇 살에 돌아가셨나?"

가만히 생각하여 보니 50대에 돌아가셨습니다.

"50대입니다."

"그렇지? 아버지는?"

생각하여 보니 아버지도 50대에 돌아가셨습니다.

"50대입니다."

"그렇지. 자네 가문에는 단명이 흐르고 있네. 손금은 통계적으로 맞지. 자네 손금 생명선이 가다가 끊어져 있어. 내가 내일부터 40일 금식 기도에 들어가겠네. 그리고 하나님이 자네 가문에 단명의 저주가 끊어진 표적을 보여주시면 약혼이 결혼으로, 만일 표적을 보여주시지 않으면 약혼이 파혼으로 이어지겠네."

그리고 다음날 장모님은 40일 금식 기도에 들어갔습니다. 40일 금식 기도가 끝난 후에 끊어졌던 손금의 생명선이 길어져 뒤로 넘어갔습니다.

저는 그 손금을 보았고 만져 보았습니다. 그때 이런 생각이 스쳤습니다.

'예수 이름으로 모든 저주를 끊을 수 있구나!'

아니, 그렇지 않습니다. 예수님은 우리의 모든 저주를 이미 끊어 놓으셨는데, 끊어 놓으신 것을 믿는 자에게만 끊음의 역사가 일어납니다.

2천 년 전에 예수님이 우리의 죄를 십자가에 지고 죽으셨는데, 그렇다고 모든 사람이 자동적으로 죄 사함을 받는 것은 아닙니다. 그 사실을 믿는 사람에게만 구원의 역사가 일어나게 됩니다.

저주도 같습니다.

그렇다면 어떻게 가문에 흐르는 저주를 끊을 수 있을까요?

이제 아브라함의 가정을 더 깊숙이 봅시다. 아브라함의 가문이 다윗까지 내려왔습니다.

다윗의 가문을 보면서 그 비결을 찾으려고 합니다. 이미 언급한 대로 죄에는 세 가지 특성이 있습니다. 반복성과 성장성과 전염성입니다.

다윗은 음란하였습니다. 음란이 반복되다가 밧세바가 임신을 하였습니다. 음란을 숨기려고 남편을 전쟁터에서 데려왔으나, 우리아는 같이 자지 않았습니다. 죄가 탄로 날 것이 두려웠던 다윗은 살인을 저지릅니다. 자녀들 사이에 간음과 살인 사건이 일어났습니다.

다윗의 간음죄는 반복, 성장, 그리고 전염이 되었습니다. 그러나 후에 다윗의 가문은 이런 저주가 다 끊어지고 예수님을 탄생시키는 최고의 가문이 되었습니다. 그 비결은 무엇일까요?

두 가지입니다.

하나는, 철저한 회개였습니다.

나단 선지자의 지적을 받고 침상이 눈물에 젖을 정도로 울었습니다.

다른 하나는, 성령께 의지함입니다.

다윗은 회개하면서 이렇게 기도하였습니다.

> "나를 주 앞에서 쫓아내지 마시며 주의 성신을 내게서 거두지 마소서"(시 51:11).

로켓을 타지 않고는 결코 달나라에 갈 수 없는 것처럼, 성령께 의지하지 않고는 결코 죄를 이길 수가 없습니다.

가문에 흐르는 저주는 차단되어야 합니다. 까닭 없는 저주는 결코 이르지 않습니다.

가문의 위로부터의 흐림이 좋아야 흐름이 좋습니다. 흐르는 DNA가 있기 때문입니다.

음란의 DNA

할아버지가 첩을 얻어 살았는데 아버지가 음란하고 자녀들이 음란합니다.

제가 관리하는 홈페이지에 한 여대생이 이런 편지를 썼습니다.

"강 목사님! 우리 할아버지가 첩을 얻고 살아서 가정불화가 심하였습니다. 그런데 우리 아버지도 밖에서 낳은 자녀를 데리고 들어와 살아서 우리는 정말 불편하였습니다. 그런데 내게도 음란의 영이 있다는 사실을 알았습니다. 어떻게 음란이 흐르는 것을 차단할 수 있을까요?"

요즈음 유부녀들에게 애인갖기운동이 한창이랍니다. 그래서 자기보다 젊은 남자를 애인으로 두었으면 금메달, 같은 나이의 애인이면 은메달, 나이가 많으면 동메달, 애인이 없으면 목메달이라는 것입니다.

우리나라도 이혼율이 30%를 웃돌고 있습니다. 이혼한 남녀가 모두 아이들을 데리고 재혼하여 살다 보니 둘 사이에도 아이가 태어났습니다. 남편이 직장에서 일하고 있는데, 아내가 전화를 하였습니다.
"여보! 당신 아이와 내 아이가 싸우는데, 우리 아이가 말리고 있어요."

어느 가정의 부부가 이혼을 하였습니다. 어느 쪽에서 이혼을 제안하였는가 조사하니, 어머니 쪽이었습니다. 조상을 조사하니까 외할아버지가 공직에 있으면서 첩을 얻어 살았습니다. 그리고 그 조상을 거슬러 올라가니까 포주가 있었습니다.
음란의 DNA가 흐르는 가문입니다.

며칠 전 신문에 난 사건입니다.
가출하였던 딸이 3일 만에 돌아오자, 어머니가 그동안의 딸의 행적을 추궁하였습니다. 딸의 가슴에 남자의 애무 흔적이 있는 것을 보았습니다. 어머니는 흥분하였습니다. 그래서 딸을 옆에 있던 넥타이로 목을 졸라 죽였습니다. 그리고 오른손으로 칼을 들어 자기 왼쪽 손목을 자르다가 쓰러졌습니다. 기절하여 쓰러져 있는 어머니를 아들이 발견하여 병원으로 옮겨 간신히 살렸습니다.
그렇게 흥분하였던 이유와 자살하려던 동기를 경찰이 물었습니다. 살인범이기 때문이었습니다. 어머니는 대답하였습니다.
"결혼할 때 내가 순결하지 못하였는데, 딸이 음란한 것을 보고 나를 닮은 것 같아 견딜 수가 없었습니다. 그렇지 않아도 남편에게 죄스러운 마음으로 살고 있는데 딸마저 그렇게 살 것을 생각하니 속상하였습니다. 그래서 순간적으로 딸의 목을 졸랐습니다. 죽일 마음은 전혀 없었습니다."

음란의 DNA가 흐르는 가문이 있습니다.

이제 노아의 가정을 통하여 음란의 DNA가 어떻게 흐르는지를 살펴보려고 합니다.

노아는 그 방탕한 당시에 유일한 의인이었습니다. 그래서 하나님은 당시 사람들을 모두 홍수로 멸망시키는 가운데서도 노아와 노아의 식구 모두 8명만은 구원해 주셨습니다. 이 넓은 세상에 노아의 식구 8명만 살아남게 되었습니다.

노아는 하나님과 600년간 동행한 사람이었습니다. 그러나 엄청난 실수를 저질렀습니다. 완벽한 사람은 없습니다. 이런 말이 있습니다.

"얌전한 사람은 속이 좁고, 활발한 사람은 덤비고, 씩씩한 사람은 까불고, 듬직한 사람은 미련하고, 착한 사람은 답답하고, 똑똑한 사람은 인색하고, 잘 웃는 사람은 싱겁고, 시원스럽게 말하는 사람은 약속 이행이 잘 안 되고, 정확한 사람은 옹졸하다."

방주에서 나온 노아가 제일 먼저 한 일은 포도 농사였습니다. 포도주가 많아졌습니다. 노아는 포도주를 너무 많이 마시고 취하여 벌거벗고 방 안에 있었습니다. 벌거벗었다는 말은 히브리어로 '에르바우'라고 되어 있습니다. '에르바우'라는 말은 단순하게 벌거벗은 것만 의미하지 않습니다.

이 단어에 대하여 각종 문헌을 찾아보는 데만 이틀이 걸릴 정도로 정성을 들였고 방대한 자료를 분석하여 보았습니다.

⑴ 유대인 전승에는 이 말이 호모섹스를 의미한다는 이론이 있습니다.
　　⑵ 미드라쉬는, 노아의 식구는 8명밖에 되지 않고 인구는 많아져야 하니까, 빨리 인구 번성을 시키려고 대낮에 술을 먹고 아내와 성관계를 가진 것을 뜻하는 단어라는 것입니다.

　술 먹었다고 다 벗는 것은 아닙니다. 여하간 성경에 성관계에 대한 언급은 전혀 없지만 이 단어는 성적인 범죄인 것만은 틀림이 없습니다. 그리고 함이 노아의 하체를 보았다고 하였는데, 하체란 히브리어로 '에르바' 로서 이는 성기를 말합니다.
　노아의 범죄는 성적 범죄인 것만은 부인할 수 없습니다. 노아 때 이 가정에 성적 범죄가 들어왔습니다.

▌가나안 저주

　술에서 깨어난 노아는 둘째 아들 함이 자기의 하체를 보고 자기 흉을 보았다는 말을 들었습니다. 그리고 가나안을 저주하였습니다. 가나안은 함의 아들입니다(창 10:6).

> "노아가 술이 깨어 그 작은아들이 자기에게 행한 일을 알고 이에 가로되 가나안은 저주를 받아 그 형제의 종들의 종이 되기를 원하노라"(창 9:24).

　흉보고 다닌 것은 함인데 왜 가나안을 저주하였을까요?

우리는 함이 저주를 받아서 흑인이 되고 아프리카의 저주받은 상황이 그때부터 시작된 것이라고 말하고 있습니다. 그러나 성경 어디를 보아도 함이 저주받았다는 기록은 없습니다.

함에게는 네 아들이 있었습니다.

"함의 아들은 구스와 미스라임과 붓과 가나안이요"(창 10:6).

가나안은 네 아들 중에 막내아들입니다. 네 번째 아들입니다. 가나안만 저주하였고 가나안만 저주받았습니다. 함이나 다른 아들들은 저주받지 않았습니다.

그러면 왜 노아는 가나안을 저주하였을까요?

두 가지 이론이 있습니다.

첫째, 하나님은 노아의 세 아들에게 축복을 주셨습니다.

"하나님이 노아와 그 아들들에게 복을 주시며 그들에게 이르시되 생육하고 번성하여 땅에 충만하라"(창 9:1).

하나님이 복을 주신 이를 사람이 저주할 수 없습니다. 그래서 화가 나서 아들 가나안을 저주하였다는 것입니다.

둘째, 노아가 호모섹스를 하였다면 그 대상이 있었을 것입니다. 세 아들은 분명히 아닙니다. 그런데 그 대상이 바로 가나안이라는 이론입니다. 그렇다면 노아와 가나안은 인류 역사상 최초의 호모섹스 즉 동성연애자가 되는 것입니다.

■ 소돔과 고모라의 동성연애

우리는 소돔과 고모라가 왜 멸망당하였는지를 잘 압니다. 바로 성적 타락이었습니다. 성적 타락의 극치는 동성연애입니다. 남자는 남자끼리, 여자는 여자끼리 성적 접촉을 하는 것입니다. 소돔과 고모라에 천사가 남자로 가장하여 들어가서 롯의 집에 머물 때 소돔과 고모라 사람들은 이 사실을 알고 말했습니다.

"이 저녁에 네게 온 사람이 어디 있느냐 이끌어 내라 우리가 그
들을 상관하리라"(창 19:5).

'상관한다' 는 말은 히브리어로 '야다' 라고 되어 있습니다. 이 말은 성적 관계를 한다는 의미입니다. 이런 사실로 소돔과 고모라 사람들은 동성연애가 공공연연하게 이루어지고 있음을 확실히 알 수가 있습니다.

소돔과 고모라는 어느 후손입니까? 가나안 후손입니다. 창세기는 가나안 사람들의 지경을 분명히 제시해 주고 있습니다.

"가나안의 지경은 시돈에서부터 그랄을 지나 가사까지와 소돔과
고모라와 아드마와 스보임을 지나 라사까지였더라"(창 10:19).

노아의 손자 가나안에서 시작된 동성연애는 소돔과 고모라까지 이어졌습니다.

■ 여호수아 시대의 가나안 족속

그 후 가나안 사람들의 성적 범죄를 성경은 상세하게 가르쳐 주고 있습니다. 레위기 18장은 가나안 사람들의 온갖 성적 범죄를 열거해 주고 있습니다. 이루 입에 담기 어려운 말들로 가득 차 있습니다. 동성연애, 근친상간, 짐승과의 성적 행위 등 말로 다 표현할 수 없을 정도입니다.

> 여호와께서 모세에게 일러 가라사대 너는 이스라엘 자손에게 고하여 이르라 나는 여호와 너희 하나님이라 너희는 그 거하던 애굽 땅의 풍속을 좇지 말며 내가 너희를 인도할 가나안 땅의 풍속과 규례도 행하지 말고 너희는 나의 법도를 좇으며 나의 규례를 지켜 그대로 행하라 나는 너희의 하나님 여호와니라 너희는 나의 규례와 법도를 지키라 사람이 이를 행하면 그로 인하여 살리라 나는 여호와니라
> 너희는 골육지친을 가까이하여 그 하체를 범치 말라 나는 여호와니라 네 어미의 하체는 곧 네 아비의 하체니 너는 범치 말라 그는 네 어미인즉 너는 그의 하체를 범치 말지니라 너는 계모의 하체를 범치 말라 이는 네 아비의 하체니라 너는 네 자매 곧 네 아비의 딸이나 네 어미의 딸이나 집에서나 타처에서 출생하였음을 물론하고 그들의 하체를 범치 말지니라
> 너는 손녀나 외손녀의 하체를 범치 말라 이는 너의 하체니라 네 계모가 네 아비에게 낳은 딸은 네 누이니 너는 그 하체를 범치 말지니라 너는 고모의 하체를 범치 말라 그는 네 아비의 골육지친이

니라 너는 이모의 하체를 범치 말라 그는 네 어미의 골육지친이니라 너는 네 아비 형제의 아내를 가까이하여 그 하체를 범치 말라 그는 네 백숙모니라 너는 자부의 하체를 범치 말라 그는 네 아들의 아내니 그 하체를 범치 말지니라 너는 형제의 아내의 하체를 범치 말라 이는 네 형제의 하체니라

너는 여인과 그 여인의 딸의 하체를 아울러 범치 말며 또 그 여인의 손녀나 외손녀를 아울러 취하여 그 하체를 범치 말라 그들은 그의 골육지친이니 이는 악행이니라 너는 아내가 생존할 동안에 그 형제를 취하여 하체를 범하여 그로 투기케 하지 말지니라

너는 여인이 경도로 불결할 동안에 그에게 가까이하여 그 하체를 범치 말지니라 너는 타인의 아내와 통간하여 그로 자기를 더럽히지 말지니라 너는 결단코 자녀를 몰렉에게 주어 불로 통과케 말아서 네 하나님의 이름을 욕되게 하지 말라 나는 여호와니라 너는 여자와 교합함같이 남자와 교합하지 말라 이는 가증한 일이니라 너는 짐승과 교합하여 자기를 더럽히지 말며 여자가 된 자는 짐승 앞에 서서 그것과 교접하지 말라 이는 문란한 일이니라

너희는 이 모든 일로 스스로 더럽히지 말라 내가 너희의 앞에서 쫓아내는 족속들이 이 모든 일로 인하여 더러워졌고 그 땅도 더러워졌으므로 내가 그 악을 인하여 벌하고 그 땅도 스스로 그 거민을 토하여 내느니라

그러므로 너희 곧 너희의 동족이나 혹시 너희 중에 우거하는 타국인이나 나의 규례와 법도를 지키고 이런 가증한 일의 하나도 행하지 말라 너희의 전에 있던 그 땅 거민이 이 모든 가증한 일을 행하였고 그 땅도 더러워졌느니라

> 너희도 더럽히면 그 땅이 너희 있기 전 거민을 토함같이 너희를
> 토할까 하노라 무릇 이 가증한 일을 하나라도 행하는 자는 그 백성
> 중에서 끊쳐지리라 그러므로 너희는 내 명령을 지키고 너희 있기 전
> 에 행하던 가증한 풍속을 하나라도 좇음으로 스스로 더럽히지 말라
> 나는 너희 하나님 여호와니라
>
> 레위기 18장 1-30절

사람들은 죄를 많이 지으면 지을수록 더 잘 짓게 됩니다. 죄 짓는 요령이 생깁니다. "연습을 통하여 완벽해진다"는 말이 있습니다.

조상으로부터 흐르는 음란이 가문에 흐르는 것을 역력히 볼 수 있습니다. 노아에게서 시작된 음란은 가나안을 거쳐서 소돔과 고모라를 지나 가나안 땅에 만연하였습니다.

결국 여호수아에 의하여 가나안 족속이 이 땅에서 영원히 사라지고 말았습니다.

■ 음란의 제일 원인인 술

노아의 음란의 제일 원인은 술이었습니다. 술은 마귀에게 틈을 주었습니다. 음란은 날이 갈수록 심하여졌습니다. 술과 음란은 같이 있었음을 확실히 볼 수 있습니다. 우선 술부터 마시지 말아야 합니다. 노아에게 음란을 촉발시킨 것은 말할 것도 없이 술이었습니다.

미드라쉬는 이런 재미있는 이야기를 전해 주고 있습니다.

사실은 포도나무를 발견하게 하고 심게 하고 기르게 한 것은 사탄

이었습니다. 아담에게도 사탄이 와서 죄를 짓게 한 그 길을 노아도 걷고 있었습니다.

사탄과 노아는 이런 대화를 나누었습니다.

   사탄 : 무엇을 심으려고 하느냐?
   노아 : 포도나무를 심으려고 한다.
   사탄 : 포도를 심어서 무엇하려고 하느냐?
   노아 : 포도나무에서 포도 열매를 따려고 한다. 포도는 그대
      로 먹어도, 말려서 먹어도 달다. 특별히 포도주는 사람
      들을 즐겁게 한다.
   사탄 : 좋다. 내가 같이 가서 포도 농사를 지어주겠다.
   노아 : 그렇게 하여 준다면 환영하마!

 노아의 허락을 받은 사탄은 곧 물러갔습니다. 그리고 당장 양과 사자와 돼지와 원숭이를 잡았습니다. 그리고 네 동물의 피를 받아 가지고 포도원으로 왔습니다. 그러고는 좋은 포도를 만드는 데 꼭 필요한 거름이 된다고 말하면서 포도나무에 이 피를 부었습니다.

 그래서 포도주를 마시는 이마다 네 가지 동물의 성격이 나타나기 시작하였습니다. 포도주를 마시기 전에는 양같이 온순한 사람이 포도주를 조금 마시고 나면 사자같이 으르렁거리며 강해집니다. 조금 더 마시고 나면 돼지처럼 지저분해집니다. 행동은 물론 말도 더러워지기 시작합니다. 절제하지 못하고 더 마시면 원숭이 같아집니다. 춤을 춥니다. 노래를 합니다. 무슨 일을 해야 정당한지도 모르고 원숭이처럼 방황하게 됩니다. 이성을 잃은 사람처럼 행동합니다.

어떤 주석가는 노아는 아담보다 더 타락했다고 말하고 있습니다. 왜 그렇습니까?

아담은 술은 마시지 않았습니다. 취한 적은 없습니다. 아담에게는 따먹지 말아야 할 선악과가 있었습니다. 노아에게도 따먹지 말아야 할 열매가 있었습니다. 바로 포도 열매가 노아에게는 선악과였습니다.

절제가 없으면 실수하게 됩니다.

저는 장수한 한 노인의 건강 비결을 보았습니다.

"나의 장수의 비결을 공개한다. 과음, 과식, 과로, 과색을 피하였다. 이 네 가지만 절제하면 언제나 건강하게 지낼 수 있다."

술은 사람을 마비시키고 동물이 되게 하는 음료입니다. 그래서 우리 조상들은 옛날부터 술은 도깨비 국물이라고 했습니다. 술을 마시면 도깨비같이 횡설수설하고 정당한 행동을 하지 못한다고 하였습니다.

레이트럽이라는 사람은 술의 해독을 다음과 같이 말하고 있습니다.

1. 인간의 존엄성을 상실케 하고 동물 이하의 수준으로 떨어뜨린다.
2. 몸과 정신을 망가뜨린다.
3. 인간의 본성을 좀먹는다.
4. 인간의 양심을 황폐하게 만든다.
5. 욕망, 혈기, 속된 언어들을 유발한다.

헬라의 철인 디오니게스에게 어떤 사람이 술을 한잔 주었습니다.

디오니게스는 술을 따라 버리면서 이렇게 말했습니다.

"술과 내 몸을 함께 낭비하고 망치는 것보다 쏟아 버리는 것이 낫다."

성경은 술에 대하여 이런 교훈을 주고 있습니다.

"포도주는 거만케 하는 것이요 독주는 떠들게 하는 것이라 무릇 이에 미혹되는 자에게는 지혜가 없느니라"(잠 20:1).

"르무엘아 포도주를 마시는 것이 왕에게 마땅치 아니하고 왕에게 마땅치 아니하며 독주를 찾는 것이 주권자에게 마땅치 않도다 술을 마시다가 법을 잊어버리고 모든 간곤한 백성에게 공의를 굽게 할까 두려우니라 독주는 죽게 된 자에게, 포도주는 마음에 근심하는 자에게 줄지어다"(잠 31:4-6).

독주는 '죽게 된 자에게 주라'는 의미는 무엇일까요? 두 가지 의미가 있습니다.

첫째, 살리려고 주라는 뜻입니다.

죽어가고 있는 이에게 자극을 주면 살아날지도 모르니 마지막 치료 방법으로 주라는 뜻입니다. 말하자면 인공호흡법입니다.

둘째, 죽이려고 주라는 뜻입니다.

살 만한 가치가 없는 이에게는 독주를 주어 마시고 죽게 하라는 뜻입니다. 이미 포기한 자이니 술이나 먹여 죽이라는 의미입니다.

어느 의미이건 그리 좋은 뜻은 아닙니다.

"술을 즐겨하는 자와 고기를 탐하는 자로 더불어 사귀지 말라"(잠 23:20).

이사야도 말하고 있습니다.

"아침에 일찍이 일어나 독주를 따라가며 밤이 깊도록 머물러 포도주에 취하는 그들은 화 있을진저"(사 5:11).

▎술과 음란의 해결

술과 음란이 가문에 흐르고 있는 가정이 있습니다. 끊어야 합니다. 이 고리를 빨리 끊지 않으면 가나안 족속과 같이 이 땅에서 영원히 사라집니다. 그 방법은 무엇입니까?

하나님은 죄가 생기자마자 죄를 해결할 수 있는 길을 주셨습니다. 돌단에서 짐승을 잡아 피를 흘려 뿌리게 하여 자기가 죽을 것을 짐승이 대신 죽게 하셨습니다.

그러면 술과 음란에 대한 해결은 무엇일까요? 어떻게 해야 가문에 흐르는 술과 음란을 해결할 수 있을까요? 그 대답은 간단합니다. 예수가 해답입니다. 아버지 앞으로 돌아오는 것입니다.

저는 술과 음란을 끊은 두 가지를 성경에서 소개하려고 합니다.
한 명은 탕자이고, 다른 한 명은 라합입니다.
탕자를 보십시오.
자기가 유산으로 받을 분깃을 가지고 집을 나갔습니다. 탕자의 죄는 두 단어로 요약됩니다. 누가복음 15장 13절의 '허랑방탕' 이라는 말과, 30절의 '창기와 함께 지냈다' 는 말입니다.

허랑방탕이라는 말은 원어로 '에스코레' 라고 되어 있는데, 이는 술 취함과 음란을 말합니다. 창녀와 술 마시며 성적으로 살았다는 종합 표현입니다.

그런 탕자가 아버지 앞으로 돌아왔습니다. 모든 것을 버렸습니다. 전부 다 끊었습니다. 완전히 새사람이 되었습니다.

라합도 마찬가지입니다.

라합은 가나안 사람입니다. 가나안의 저주에서 벗어난 이가 바로 라합입니다. 라합의 가문은 저주의 가문에서 가장 영광스런 메시아 예수님의 가문으로 바뀌었습니다. 예수님의 족보 중에 라합이 들어 있습니다(마 1:5).

라합은 기생이었습니다. 기생은 술과 남자로 사는 직업입니다. 라합은 여리고 성에 살고 있었습니다. 그러나 믿음을 가지고 있었습니다. 이스라엘 백성들이 여리고 성을 침범할 때 라합이 도와주었습니다. 그리고 유대인으로 귀화하였습니다. 술도 끊고 기생 일도 그쳤습니다. 라합은 예수님의 족보 속에 들어오게 되었습니다.

예수 잘 믿는 것 외에 다른 방법이 없습니다. 신앙생활 잘하는 방법 외에 다른 방법이 없습니다. 예수님은 저주가 흐르는 가문의 DNA를 축복의 DNA로 바꾸어 주십니다.

이같이 민족마다 DNA가 독특하게 흐르고 있습니다. 가문마다 DNA가 흐르고 있습니다. 그리고 사람마다 DNA가 흐르고 있습니다.

잘나가는 사람은 잘나가는 사람의 DNA가 있습니다.

빛 속에는 7가지 색이 들어 있습니다. 빨강, 주황, 노랑, 초록, 파랑, 남색, 그리고 보라입니다. 이같이 존경받는 사람 속에도 7가지 DNA가 들어 있습니다.

이제부터 잘나가는 사람의 7가지 DNA를 하나하나 분석해 보고자 합니다.

제1의 DNA 무소유

존경받는 사람은 존경받는 이유가 있습니다.

사람들이 그 사람을 존경할 때에는 그만한 이유가 분명히 있기 때문에 존경하는 것입니다. 존경받는 사람들에게는 무소유의 DNA가 흐르고 있습니다.

▍대조적인 두 사람

대조적인 두 사람을 소개합니다.

두 명 다 돈을 엄청나게 번 미국의 부자입니다. 한 명은 하워드 휴즈이고, 다른 한 명은 코닥 칼라를 만든 조지 이스트먼(George Eastman)입니다.

먼저, 하워드 휴즈를 소개합니다.

그의 목표는 오직 돈이었습니다. 악착스럽게 돈을 벌었습니다. 그래서 그는 미국에서 이름난 부자가 되었습니다. 그는 1977년에 세상을 떠나면서 20억 달러, 그러니까 약 2조 원 가량을 남겼습니다.

그는 라스베이거스에 호텔, 유흥 시설, 비행기 회사, 영화사, 방송국 등 50여 개 업체를 경영하면서 많은 돈을 벌었습니다. 당시 미인 여배우 에바 가드너와 살기도 하였습니다. 할리우드의 수많은 여배우들과 지냈습니다. 돈과 여자와 명예를 원없이 소유하였던 사람이었습니다.

그러나 그는 죽기 10년 전부터는 폐결핵으로 인해 유리로 차단된 벽 속에서 살아야 했습니다. 그리고 누가 자기를 죽이고, 자기 재산을 빼앗으려고 음식에 독을 넣어 죽이려 한다는 피해망상에 걸려 음식을 먹지 못하여, 몸은 오징어처럼 말라버렸습니다.

병이 더욱 악화되자 그는 자가용 비행기로 병원으로 가면서 비행기 안에서 세상을 떠났습니다. 그 비행기가 지금 남아 있는데, 저는 그 비행기를 타본 적이 있습니다.

그는 이 말을 마지막으로 하고 세상을 떠났습니다. 그가 남긴 마지막 말은 곧 이것입니다.

Nothing! Nothing!(아무것도 아니다. 아무것도 아니다.)

그러나 저는 돈을 하워즈처럼 많이 벌었으나, 돈이 목적이 아니라 선교가 목적이었던 한 분을 소개하려고 합니다. 코닥 칼라를 만든 조지 이스트먼입니다.

그는 한 빈민촌에서 아버지를 일찍 여의고 홀어머니와 함께 가난하게 살았습니다. 너무 가난하여 그날그날 근근이 먹고살았습니다. 그러나 조지의 어머니는 늘 아들이 자기 전에 붙들고 기도하였습니다. 기도할 때마다 손을 꼭 잡고 기도하는 것이 버릇이었습니다.

"하나님! 지금은 비록 가난하지만 조지가 훌륭히 자라 이 나라의 큰일을 할 수 있게 하여 주옵소서!"

어머니는 늘 침상에서 눈물을 흘리면서 기도하곤 하였습니다. 어머니의 손은 시멘트 바닥처럼 굳어져 있었습니다. 여자이지만 남자들처럼 힘든 노동을 하였기 때문이었습니다. 조지는 어머니가 기도하고 나가시면 자기도 늘 기도하고 잠이 들었습니다.

"하나님, 내 어머니의 기도가 헛되지 않게 하여 주옵소서."

"하나님, 돈을 많이 벌어서 하나님의 선교 사업을 크게 할 수 있도록 해주옵소서."

조지는 사진관에 취직하여 열심히 일하였습니다. 그는 주인이 가르쳐 주는 대로 열심히 기술을 배웠습니다. 조지는 친절하고 사진 찍는 기술이 좋아 소문이 났습니다. 그는 조그만 가게를 내어 독립하였습니다. 그러고는 간편한 휴대용 필름을 만들어 팔기 시작하였습니다. 국내는 물론 세계 여러 나라에서 그의 상품이 폭발적으로 팔려 나갔습니다.

공장을 짓고 생산라인을 증설하였습니다. 하루아침에 갑부가 되었습니다. 드디어 조지 이스트먼은 코닥 회사를 만들었습니다. 그러나 그는 그 많은 돈으로 하나님의 일을 하는 데 앞장섰습니다. 하나님께서 더욱 축복을 부어 주시고 행복한 생활을 하게 해주셨습니다.

사람들은 무소유의 삶을 살아가는 사람을 존경합니다.

■ 성경의 대조적인 두 사람

하워드 휴즈와 조지 이스트먼의 삶은 대조적입니다. 성경에도 대조적인 두 사람이 나옵니다.

누가복음 12장에 등장하는 부자와 누가복음 19장에 등장하는 삭개오는 참 대조적입니다.

먼저, 부자부터 들여다봅시다.
예수님이 한번은 이런 비유로 말씀하셨습니다.
한 부자가 있었습니다. 어느 해에 농사가 잘되었습니다. 소출이 많고 곡식이 풍부하였습니다. 미처 쌓아 둘 곳이 없을 정도였습니다. 그는 이렇게 중얼거렸습니다.

> "내가 이렇게 하리라 내 곳간을 헐고 더 크게 짓고 내 모든 곡식과 물건을 거기 쌓아 두리라 또 내가 내 영혼에게 이르되 영혼아 여러 해 쓸 물건을 많이 쌓아 두었으니 평안히 쉬고 먹고 마시고 즐거워하자 하리라"(눅 12:18-19).

이 중얼거림을 듣고 계시던 하나님이 말씀하셨습니다.

> "어리석은 자여 오늘밤에 네 영혼을 도로 찾으리니 그러면 네 예비한 것이 뉘 것이 되겠느냐"(눅 12:20).

미국에서는 50세가 되면 장의사에서 묘지를 예약하도록 통지가 날아오는 예가 많다고 합니다. 여러분은 죽어서 묻힐 묘지 생각을 해 보았습니까? 50은 죽음을 생각하고 준비해야 하는 나이입니다. 60은 날마다 죽음을 준비해야 하는 나이입니다. 70은 장례식 순서를 미리 짜 놓는 나이입니다. 80은 베옷을 하루에 한 번씩 입어 보며 죽음을 준비해야 하는 나이입니다.

"한 번 죽는 것은 사람에게 정하신 것이요 그 후에는 심판이 있으리니"(히 9:27).

흐루시초프가 소련 서기장이 되었습니다.

그는 이 세상에는 하나님이 안 계신데 하나님을 믿는 교인들은 사기꾼라고 말하면서, 앞으로 3년 안에 다 죽여 버리겠다고 하였습니다. 그리고 마지막 한 명은 시범으로 남겨서 TV에서 전 국민이 보는 앞에서 죽이면 기독교인은 말살될 것이라고 말했습니다. 그러나 이 말을 하고 3년 만에 자기가 먼저 죽었습니다.

하나님의 분명한 심판이 있을 것입니다. 자기만을 위하여 사는 부자를 예수님은 어리석은 부자라고 말씀하셨습니다.

반대로, 삭개오를 봅시다.

"작은 고추가 맵다"는 우리나라 속담이 있습니다. 삭개오에게 이 말이 어울릴 것입니다. 삭개오에 대한 뒷이야기가 있습니다.

삭개오는 5살 이전에 소아마비로 난쟁이가 되었습니다. 큰 머리에 넓은 어깨, 그리고 통통하게 살진 몸통에 다리는 가늘었습니다. 더구나 부모가 다 돌아가시고 계시지 아니하였습니다. 삭개오는 고아의 열등감, 병신의 열등감, 게다가 가난의 열등감이 쌓여 있었습니다. 삭개오는 길가에 노점상을 차렸습니다.

5년 동안 열심히 장사하여 돈을 모으며 여리고 근교의 싼 토지를 사들였습니다. 삭개오는 죽을 힘을 다하여 그 땅을 푸른 초장으로 개간하였습니다. 그곳에서 나온 농산물을 팔아서 상점을 만들었습니다. 30세에 관리인이 300명이나 되었습니다. 그에게 고용된 농사꾼이 2,000명이었습니다. 삭개오의 창고는 600m나 되었습니다.

그러나 그는 문 없는 감옥에서 사는 것 같았습니다. 하나님이 창조하신 사람 중에 가장 못생긴 자기 몸을 보고 시집오는 여자가 없었습니다. 매일 땅이 꺼질 듯이 한숨을 내쉬며 살던 어느 날, 여리고에 사는 리어를 사랑하게 되었습니다. 주위 사람들의 주선으로 둘은 사랑의 결혼을 하였습니다.

리어가 임신하였습니다. 배가 점점 불러 왔습니다. 그는 아들일 줄 믿고 상아로 장난감을 만들었습니다. 많은 장난감이 아들이 태어나기도 전에 방 안 가득하였습니다.

그러나 리어가 아이를 낳던 그날, 출산 도중에 세상을 떠나고 말았습니다. 아들은 죽은 채 태어나고 말았습니다. 두 무덤을 만들어 놓은 삭개오는 그 후 일 년 가량을 두문불출하였습니다.

그러나 꿈은 아직 늙지 않았고 소원도 생생하던 66세의 삭개오에게 빌라도가 찾아와서 말했습니다.

여리고 세리장이 되어 달라는 것이었습니다. 이 말을 들은 삭개오는 말했습니다.

"농담이시겠지요? 총독님! 설사 내가 굶어 죽는다 하더라도 내 동포를 상대로 그런 구역질나는 일을 하겠습니까? 그런 돈을 만지는 자리라면 혀로 총독의 구두 바닥을 핥을 사람들이 수없이 많은데 왜 하필이면 내게 와서 그런 부탁을 하십니까?"

빌라도가 말했습니다.

"분명한 이유가 있지요. 첫째, 당신은 정직한 사람입니다. 둘째, 돈과 사업에 대하여 당신은 대단히 지혜롭습니다. 60명의 세리들을 잘 다스릴 수 있을 것입니다. 그리고 당신은 이미 돈을 많이 벌었기 때문에 돈에 대한 유혹을 그리 느끼지 않을 것입니다."

그래서 삭개오는 여리고의 세리장이 되었습니다. 삭개오는 그 일이 싫으면서도 억지로 해나갔습니다. 71세가 되었습니다. 예수님이 여리고를 지나간다는 소문을 들었습니다. 삭개오는 그 유명한 예수님을 만나고 싶었습니다. 그러나 키가 작았습니다. 그는 앞에 있는 뽕나무로 올라갔습니다. 예수님이 이 모습을 보셨습니다. 예수님은 뽕나무 밑으로 오시더니 말씀하셨습니다.

"삭개오야, 속히 내려오라. 내가 오늘 네 집에 유하여야 하겠다."

이 말에 대한 삭개오의 반응을 보십시오.

"급히 내려와 즐거워하며 영접하거늘"(눅 19:6).

이 말을 듣고 삭개오는 급히 나무에서 내려왔습니다. 즐거워하며 내려왔습니다. 그리고 즉각적으로 예수님을 구세주로 영접하였습니다. 그리고 말했습니다.

"주여 보시옵소서 내 소유의 절반을 가난한 자들에게 주겠사오며 만일 뉘 것을 토색한 일이 있으면 사 배나 갚겠나이다"(눅 19:8).

삭개오의 이런 고백을 듣고 예수님이 말씀하셨습니다.

> "오늘 구원이 이 집에 이르렀으니 이 사람도 아브라함의 자손임이로다 인자의 온 것은 잃어버린 자를 찾아 구원하려 함이니라"(눅 19:9-10).

그 후 삭개오에 대한 뒷이야기가 전해 내려오고 있습니다.

삭개오가 예수님을 만난 후 일주일 정도 있다가 예수님은 십자가에서 죽으셨습니다.

삭개오는 매일 새벽만 되면 예수님을 만났던 뽕나무에 물을 주고 쓰다듬으면서 이렇게 말했다고 합니다.

"내가 이 나무에서 예수님을 만나고, 예수님을 모시고, 또 이렇게 변화되었지……."

그의 눈에는 눈물이 글썽이었습니다.

물론 전설과 성경을 섞어서 말씀드렸습니다. 전설은 빼고 성경만 가지고 이야기하고 싶습니다.

지금까지 삭개오의 인생의 목적은 오직 돈이었습니다. 당시에 이스라엘은 로마가 지배하고 있었습니다. 세금은 로마에게 내는 것입니다. 자기 민족에게 거두어서 내는 것입니다. 따라서 당시 세리는 민족의 피를 빨아먹는 이로 알려져 있었습니다. 그래서 이스라엘 백성들이 가장 싫어하는 직업 중의 하나가 세리였습니다. 삭개오는 그 중에서도 세리장이었습니다.

동족에게 욕을 먹어도 돈만 모으면 된다는 생각으로 가득 차 있었습니다. 그래서 부자가 되었습니다. 그렇게 모으기만 하던 그가 이웃을 위하여 다 주는 자가 되었습니다.

"주여 보시옵소서 내 소유의 절반을 가난한 자들에게 주겠사오며 만일 뉘 것을 토색한 일이 있으면 사 배나 갚겠나이다"(눅 19:8).

재산이 많은 사람인데 자기 재산의 반을 즉각적으로 가난한 이들을 위하여 내놓았습니다. 확실한 결정으로 말했습니다. 그리고 남의 것을 토색한 것이 있으면 4배나 갚겠다고 약속하였습니다. 당시 율법에는, 남의 것을 부당하게 취하였으면 5분의 1을 더하여 상환하라고 하였습니다. 그리고 남의 것을 도적질하였으면 4배를 갚으라고 하였습니다.

"사람이 소나 양을 도적질하여 잡거나 팔면 그는 소 하나에 소 다섯으로 갚고 양 하나에 양 넷으로 갚을지니라"(출 22:1).

모으기만 하던 삭개오가 주는 자로 변하였습니다. 무소유의 삶을 살기로 다짐하였던 것이 틀림없습니다.
성경 누가복음 19장 이후 삭개오에게는 이런 이야기가 남아 흘러오고 있습니다.
자기 재산을 다 나누어 주고 열심히 봉사하였습니다. 엄청난 부를 다 나누어 주다 보니 온 세상에 소문이 났습니다. 당시 이스라엘에서 가장 보고 싶은 유명인이 될 정도로 성실하게 살았습니다.
어느 날 이런 삭개오에게 1만 명이 넘는 사람들이 몰려와서 말했습니다.

삭개오 씨!

당신의 명성은 온 세상에 널리 알려져 있습니다. 당신을 우리가 찾아온 것은 당신의 명성 때문이 아니라 당신의 생활 철학을 듣고 싶어서입니다. 당신은 늘 말했지요.

"며칠을 위해서는 꽃을 심고, 몇 년을 위해서는 나무를 심고, 영원을 위해서는 지혜를 심어라."

오늘 우리는 당신의 지혜를 배우고 싶습니다. 당신의 부모는 일찍 돌아가셨습니다. 다른 아이들이 행복하게 학교 다닐 때 당신은 허리가 부러져라 들판에서 힘든 일을 하였지요. 당신은 고아에다가 병신에게다가 가난하였지요. 그러나 지금 온 세상은 당신 이야기뿐이에요. 숨겨진 비결이 무엇인가요? 그런 귀중한 비결을 무덤 속으로 혼자 가지고 가지 말아 주십시오.

이 말을 들은 삭개오는 15일간 자기의 지혜의 비결을 10계명으로 적어 하얀 성벽에 적어 놓았습니다. 누구나가 볼 수 있도록 하기 위한 것이었습니다.

- 존경받는 삶의 제1계명 – 노동

사람은 놀이터에 태어난 것이 아니라 일터에서 태어났습니다. 일이란 당신의 적이 아니라 친구입니다. 자기 자신의 망치에 무관심한 사람은 결코 대궐을 지을 수가 없습니다. 당신은 불평하며 일할 수도 있고 기쁨으로 일할 수도 있습니다. 당신은 짐승처럼 일할 수도 있고 사람처럼 일할 수도 있습니다.

천한 일 속에서도 고상함을 찾을 수 있고, 아무리 고단한 일이라도 그 곳에서 휴식을 찾을 수 있고, 아무리 지루한 일이라도 그 속에서 활기를 찾을 수 있습니다.

성공을 얻는 길은 한 가지 힘든 일을 통과해야 합니다. 열심히 일하려고 하지 않으면 평생 가난을 선택하는 것입니다.

• 존경받는 삶의 제2계명 - 인내

인내는 쓰나 그 열매는 답니다. 인내심이 많을수록 돌아오는 것이 많습니다. 사람의 만족의 열쇠는 바로 인내입니다. 백합을 철이 되기 전에 피울 수 없듯이, 성공도 서둘러서 얻을 수 없는 것임을 명심하십시오.

인내심을 가지면 정신은 굳건하여지고, 마음은 부드러워지며, 분노는 사그라들고, 질투심은 사라집니다.

그러므로 인내심을 가지고 경솔하게 입을 놀리지 말며, 가벼이 손을 놀리지 않으면 당신이 원하는 성공의 삶을 얻을 수 있을 것입니다.

• 존경받는 삶의 제3계명 - 목표

개미처럼 근면하고 욥처럼 인내하여도 목표가 없으면 결코 평범한 상태를 넘지 못할 것입니다. 배는 행선지가 있어야 닻을 올리는 법입니다. 승리의 목표를 위한 작전 없이 진군하는 군대란 없습니다.

인생이란 선수는 적고 구경꾼은 많은 경기입니다. 구경하는 이는 목표가 없습니다. 선수는 분명한 목표가 있습니다. 스탠드에서 경기를 보는 이에게는 패배가 없습니다. 그러나 선수에게는 성공의 기회와 실패의 기회가 동시에 있습니다. 스탠드의 구경꾼에게는 안전만 있습니다. 그러나 선수에게는 실패도 도사리고 있습니다. 그러나 목표를 걸고 전진해야 합니다.

• 존경받는 삶의 제4계명 – 준비

마음은 무겁고, 몸은 피곤하며, 주머니는 텅 비어 있고, 당신을 위로해 줄 사람이 아무도 없다고 해도 기다리십시오. 밤은 해가 뜨기를 기다리는 시간이듯이, 지친 시간은 내일을 설계하는 때입니다.

• 존경받는 삶의 제5계명 – 용기

역경과 실패를 요리하는 방법은 단 한 가지입니다. 용기를 갖는 것입니다. 역경이란 인생길에 내리는 차갑고 구질구질한 비와 같습니다. 그러나 그때 백합꽃은 비를 빨아들이고 대추는 열매를 맺기 시작합니다. 고난의 열기가 가득하고 고통의 비에 흠뻑 젖어들 때 당신이 성숙하고 있는 중임을 알아야 합니다.

역경은 가장 훌륭한 스승입니다. 성공으로부터 배울 것은 거의 없습니다. 그러나 고난으로부터는 산같이 많은 교훈을 배울 수 있습니다.

• 존경받는 삶의 제6계명 – 행동

야망을 치솟게 하지 못하는 사람, 언제나 확신을 갖지 못하는 사람, 행동을 결단하지 못하고 질질 끄는 사람, 이들은 실패하지 않으려고 안간힘을 써도 소용이 없습니다. 오로지 행동만이 삶에 힘과 환희와 목적을 부여할 수 있습니다.

용기를 가지십시오. 행동과 슬픔은 원수임을 명심하십시오. 행동은 슬픔을 치료해 주는 명약입니다. 아무도 당신의 일을 해주지 않습니다. 당신의 일은 당신이 해야 합니다. 가만히 앉아서 하나님의 축복이 당신의 무릎 위에 떨어지기를 기다리지 마십시오.

행동하십시오. 만일 행동하지 않으면 당신은 행동을 강요당하게 될 것입니다.

• 존경받는 삶의 제7계명 - 청결

당신은 당신의 마음을 천국에서 지옥으로 만들 수도 있고 지옥에서 천국으로 만들 수도 있습니다.

죽은 친구, 실패한 과거 일, 마음에 상처를 준 말들, 잃어버린 돈, 사라지지 않는 분노, 성취하지 못한 안타까움, 좌절당한 욕망, 배반당한 충성심. 이런 고약한 잡동사니들을 하루속히 당신의 마음속에서 거두어 내십시오. 이런 것이 얼마나 가치 있는 것이라고 마음속에 품어 두고 있습니까?

현재 일에 집중하십시오. 과거는 잊으십시오. 미래는 하나님께 맡기십시오. 오늘에만 충성하십시오. 당신의 마음을 깨끗이 청소하십시오.

• 존경받는 삶의 제8계명 - 경감

당신은 이 세상에 태어날 때 아무것도 걸치지 않고 태어났습니다. 그리고 아무것도 없이 죽을 것입니다. 그런데 당신은 지금 너무 많은 것을 짊어지고 있습니다. 지금 당장 불필요한 것들을 버리십시오.

당신은 죽을 때까지 등이 굽도록 황금을 짊어지고 가야 하는 당나귀와도 같은 신세가 아닙니까?

많은 것을 소유한 이들을 부러워 마십시오. 소박한 삶을 살아가십시오. 가장 작은 것으로 만족하는 이가 가장 부요한 사람입니다.

- **존경받는 삶의 제9계명 – 성실**

　죽음의 검은 낙타는 언제나 당신 곁에 가까이, 그리고 항상 있음을 명심해야 합니다. 당신은 이 땅에서 영원히 사는 것이 아니라는 사실을 확실히 알아야 합니다. 성실한 사람이 되려면 우선 자신의 일을 철저히 하고 다른 사람에게도 성실해야 합니다. 죽음과 함께 살고 있음을 알고 성실해야 합니다. 죽으면 하나님과 함께 살 것이기에 하나님처럼 성실해야 합니다.

- **존경받는 삶의 제10계명 – 노력**

　자기 자신으로 남아 있고 자기가 될 수 있는 존재가 되려는 것이야말로 행복한 삶을 누리는 비밀입니다. 다른 사람을 기쁘게 하기 위하여 자신이 아닌 그 무엇이 되려는 노력을 해서는 결코 안 됩니다. 자기의 허영을 만족시키기 위하여 거짓 탈을 써서는 안 됩니다.
　당신이 최선을 다해 노력할 때 비로소 당신은 당신이 이 세상에서 가장 성공을 거둔 사람임을 확인하게 될 것입니다.

존경받는 사람은 무소유의 사람입니다.

　자녀들에게 유산 물려주지 않기 운동이 있습니다. 자녀들에게 유산을 주지 않으면 자녀들이 오히려 더 커집니다.
　탈무드의 말대로 고기를 잡아 주지 말고 고기 잡는 법을 가르쳐 주면 더 잘됩니다.
　작년에 미국 시애틀에 살고 있는 김은혜 집사가 우리 교회에 들렀다가 간증을 하고 돌아갔습니다. 그의 간증은 무소유의 간증이었습니다.

어머니, 오빠, 그리고 김 집사, 세 식구가 부산에서 어렵게 살고 있었습니다. 오빠와 자기는 미국으로 이민을 가기로 결정하였습니다. 그러나 어머니는 거절하였습니다.

"영어도 모르고 운전도 못하여 이민 가면 지옥 같다."

어머니의 말이었습니다. 할 수 없이 둘만 미국으로 떠나고 어머니는 혼자 부산에서 지냈습니다. 미국으로 가서 오빠는 사업이 잘되어 기반을 잡았습니다. 어머니를 초청하였습니다. 어머니는 아들이 잘된 것이 좋아서 이민을 가기로 결정하였습니다.

부산의 집을 팔았습니다. 한 푼도 떼지 않고 모두 하나님께 드렸습니다. 그리고 아들에게 가서 행복하게 살았습니다. 하나님의 부르심을 받을 때 딸 은혜를 붙들고 말했습니다.

"은혜야! 살다가 어려우면 이렇게 기도해라. '하나님, 우리 어머니가 심은 것, 내가 거두게 해주세요.'"

김 집사는 살다 보니 너무 어려웠습니다. 어머니의 유언이 생각이 났습니다. 그래서 그렇게 기도하였습니다.

"하나님, 우리 어머니가 심은 것, 내가 거두게 해주세요."

하나님은 그 기도를 들으셨습니다. 지금은 빌딩이 두 개가 되었습니다. 김 집사는 아들에게 이렇게 말했습니다.

"아들아! 엄마가 빌딩이 두 개지만 네게 주지 않는다. 내가 죽는 날 이 두 빌딩은 하나님의 것이다. 교회에 바쳤다. 법적으로 아예 공증까지 하였다. 너는 엄마가 죽고 나면 이렇게 기도해라. '하나님, 우리 할머니가 심은 것, 어머니가 심은 것, 내가 거두게 해주세요.'"

그리고 내게 공증한 문서를 보여주었습니다.

사람들은 무소유의 사람을 존경합니다.

얼마 전 온 세계를 뒤흔든 사건이 하나 있습니다.
중국 제일의 액션 스타 성룡이 전 재산 4천억 원을 사회에 기부하였습니다. 알고 보니 성룡은 어릴 때 가난하여 죽을병이 들어 죽을 뻔하였고, 또 굶어 죽을 뻔하였는데, 한 부자가 살려 주었습니다. 그래서 큰 부자가 되었습니다.
그는 말했습니다.
"자녀에게는 능력을 주어 내보내고, 돈은 사회로 돌린다. 인생은 빈손으로 왔다가 빈손으로 가는 것이다. 나를 살린 사회에 내 모두를 바친다."
그는 그동안 사회에 기부를 많이 한 세계 10인 중의 한 사람입니다. 지난번 중국 지진 때 14억을 보냈습니다. 1년 전 한국 서해 바다 기름 유출 사건에도 1,000만 원을 보내 주기도 하였습니다.
연예인들이 사회를 위하여 기부금을 낸 정도가 인터넷에 공개되었습니다. 특이한 사람들이 눈에 뜨입니다.

> 1위 문근영. 그녀는 소득의 30%를 주면서 살았습니다. 10년 동안 30억 원을 주었습니다.
> 2위 김장훈. 그는 집도 없는데 소득의 90%를 주면서 살았습니다. 2억을 벌어서 1억 8천만 원을 준 해도 있었습니다.
> 3위 김제동. 그는 20%를 기부하면서 살았습니다.

이들보다 더 수입이 많은 연예인들도 있습니다. 1년에 150억, 130

억 원을 벌어들이지만 그들은 명단에 들어가지 않았습니다.

우리의 눈을 머무르게 하는 기사가 있었습니다.

차인표, 신애라 부부의 이야기입니다. 이들은 기독교인입니다. 자녀를 일부러 한 명만 낳고 두 명을 입양하였습니다. 일부러 그런 것입니다. 그리고 똑같이 사랑하면서 기릅니다.

사람들은 소유에 관심을 가지지 않는 사람을 존경합니다.

▎무소유의 사람들

역사상 우리의 마음을 뭉클하게 하는 사람들이 있습니다. 무소유의 사람들입니다.

• 덩잉차오(등영초)와 저우언라이(주은래)

중국에서 여자 정치인으로 대표적인 사람을 찾으라고 하면 덩잉차오 여사입니다. 그가 1992년 7월 11일 세상을 떠났습니다.

중국 공산당 정치국원이었습니다. 중국 수상 저우언라이의 아내입니다. 그의 유서가 공개되자 온 중국이 놀랐습니다.

그는 청렴결백하고 공정하게 살았습니다. 그는 죽기 오래 전인 1978년 7월 1일에 이미 유서를 써놓고 살았음이 밝혀졌습니다.

"내가 죽은 후 장례식이나 고별식이나 추도식을 하지 마라. 내 시신은 의과대학 해부 연구용으로 기증하여라. 남은 시신은 화장하여 남기지 말고 뿌려 버려라. 내가 살고 있는 집은 죽은 후 국고에 넣어라. 유명한 사람이 살던 집이라고 기념관을 만들지 마라. 내 친척에게도 특혜를 주지 마라."

그런데 그의 남편 저우언라이 수상도 이런 유언을 하였습니다.

"내 시체는 화장하여 뿌림으로 한 줌의 재라도 이 땅을 비옥하게 만드는 데 사용하여라."

그래서 그가 죽은 후 화장하여 비행기에서 가루를 땅에 뿌렸습니다. 부부가 감동을 주었습니다. 중국인들은 저우언라이와 덩잉차오 부부를 살아서 정치할 때에도 존경하였지만 죽고 나서 더 존경하고 있습니다.

저는 유명한 목사가 되기보다 존경받는 목사가 되고 싶습니다.

• 벤구리온

이스라엘 백성들은 70년 7월 9일 나라를 잃어버렸습니다. 그리고 1948년 5월 14일에 독립하였습니다. 우리나라도 같은 해 8월 15일에 나라를 세웠습니다.

이스라엘의 국제공항 이름은 벤구리온입니다. 벤구리온(David Ben-Gurion 1886~1973)은 이스라엘 초대 수상이었습니다. 그는 13년 동안 나라를 잘 다스렸습니다.

수상직을 마치는 날 그는 기사에게 말했습니다.

"차를 네게브 사막으로 몰아라."

벤구리온은 네게브 지방의 키부츠 스데 보케르(Sde Boker)로 들어갔습니다. 그리고 키부츠 가족의 일원이 되었습니다. 그의 나이 77세였습니다. 키부츠에서 그에게 베푼 특전은 4평짜리 방 하나였습니다. 그 곳에 도착한 그는 말했습니다.

"이스라엘의 앞으로의 희망은 사막 개척에 달려 있다. 나는 이 사막을 개척하여 이스라엘에 쓸모 있는 땅을 한 평이라도 늘리겠다."

그리고 이어서 이렇게 말하였습니다.

"나는 이 광야에서 우리의 창조 능력과 개척 정신의 유무를 테스트 받을 것이다."

그는 87세에 숨을 거둘 때까지 사막을 농토로 개간하는 일에 헌신하였습니다.

그가 죽자 그의 재산으로 남은 것이라고는 입었던 옷 한 벌과 신발 한 켤레뿐이었습니다. 그리고 밀밭으로 그가 개간한 사막의 토지만을 남겼습니다.

그리고 두 가지 정신을 이스라엘 백성들에게 남겨 주었습니다.

하나는 무소유 정신이고, 다른 하나는 개척 정신입니다.

이스라엘 백성들은 그를 존경하여 국제공항 이름을 벤구리온이라 부르며, 영원히 영원히 그를 기념하고 있습니다.

수상까지 지낸 그가 죽기 전까지 4평에서 살면서 옷 한 벌과 신발 한 켤레를 남긴 것은 큰 교훈이 되고 있습니다.

- **호치민(호지명)**

저는 베트남 전쟁에 참가했었습니다.

그후 향수 같은 묘한 감정이 있어서 베트남에 가보았습니다. 베트남 사람들은 모두 호치민을 존경하고 있었습니다. 호치민이 살던 집을 가보았습니다. 평생 두 벌 옷을 입고 살았습니다. 흰 두루마기 한 벌과 군복 한 벌입니다. 그래서 전쟁터에 갈 때에는 군복을 입었고, 대통령 관저에서는 흰 두루마기를 입었습니다.

신발로 자동차 타이어를 잘라서 만든 슬리퍼 한 켤레를 신고 살았습니다. 집도 그렇게 검소할 수가 없었습니다. 금으로 궁을 만들어 놓고 살던 후세인은 사형 당하였습니다.

그러나 호치민은 죽을 때 이렇게 유언하였습니다.

"내 몸을 불살라 조국에 뿌려 달라. 내 시신을 흔적도 없게 하여 달라."

그리고 죽었습니다. 그가 죽자 국무회의에서 결정하였습니다.

"호치민의 유언을 듣지 않는다. 조국을 위하여 그렇게 일한 호치민의 시신을 영원히 보관한다."

그래서 미라로 만들어 온 국민에게 보여주고 있습니다.

호치민은 그의 형님이 세상을 떠났을 때에도 장례식에 가지 않았습니다.

"대통령의 시간은 공적 시간이다. 사적인 일에 내 시간을 사용하지 않는다."

그것이 이유였습니다. 그리고 지방에 출장 갈 때에는 도시락을 싸가지고 갔습니다. 먹는 것에 신경 쓰지 않는다는 것이 이유였습니다.

이런 사람을 베트남 사람들이 존경하지 않을 이유가 없습니다.

하나님은 무소유의 사람을 존경합니다.

▮ 욕심꾸러기 대통령

그러나 반대로 권력을 이용하여 평생 사용해도 못할 돈을 치부하는 이들이 역사상 너무나 많았습니다.

뱀이 곰을 삼키고는 터져서 죽은 사진이 보도되었습니다. 이런 사건들이 역사상 얼마나 많습니까?

필리핀 대통령이었다가 쫓겨난 마르코스와 이멜다는 더러운 이름을 지울 수 없는 부부입니다. 그들이 쫓겨난 궁에 가보니 이멜다의 구두만 400켤레였다는 보도가 모두를 아프게 하였습니다.

우리나라 대통령들도 권력을 이용하여 대통령에서 물러날 때에는 수천억을 챙기다가 발각되곤 하였습니다.

▍감리교 창설자 웨슬리가 주는 무소유 교훈

저는 감리교 목사입니다.

감리교의 창설자 존 웨슬리 목사님이 하나님의 부르심을 받고 나니 덮던 이불, 입던 옷, 보던 책, 사용하던 식기가 남은 것의 전부였습니다.

저도 사유 재산을 갖고 싶지 않았습니다. 돈이 따르는 제게 돈을 포기한다는 것은 그리 쉬운 것이 아니었습니다.

그러나 아내의 동의를 얻어야 했습니다.

저는 아내에게 말했습니다.

"여보! 우리 재산을 거부하고 깨끗이 살자."

아내가 거부하며 말했습니다.

"당신은 깨끗이 살아요. 나는 재미있게 살고 싶어요."

깨끗이 살자는 저와 재미있게 살겠다는 아내와 맞을 리가 없었습니다. 그러나 얼마 후 아내와 그런 면에 하나가 되었습니다.

저의 사유 재산을 모두 정리하였습니다. 그리고 모든 것을 하나님께 드렸습니다. 지금은 교회 8층의 조그만 방에서 아내와 침대 하나를 놓고 살고 있습니다. 그렇게 행복할 수 없습니다. 천하를 다 얻은 것 같습니다.

무소유로 살고 싶습니다. 하나님은 6평에서 살고 계시는 검소하신 하나님입니다.

우리 교회 장로님들에게도 말씀드렸습니다.

"제가 은퇴하게 되면 집을 마련하여 주십시오. 그런데 조건이 있습니다. 교회 이름으로 사놓으시고 저와 아내가 죽으면 도로 교회에서 가지고 가십시오."

이렇게 모든 것을 내려놓고 살다 보니 하나님은 더 큰 축복을 주셨습니다.

다음은 〈월간 목회〉에 실린 글 전문입니다.

목사 딸 시집보내기

저에게는 귀여운 딸 라미와 듬직한 아들 희일, 두 자녀가 있습니다.

어느 자식이나 그런 것처럼 늘 아빠 엄마의 전부같이 귀여웠습니다. 딸은 미국에서 7년 공부하고 귀국하였습니다. 이제 취직하는 일이 남아 있었습니다. 그러나 마침 IMF로 인하여 좀처럼 일자리를 구할 수가 없었습니다. 퇴출자가 쏟아져 나올 때 귀국하였기 때문입니다.

이력서를 수십 장 복사해 놓고 신문을 몇 개 구독하면서 광고 나는 곳에는 다 넣어 보았지만 허사였습니다. 그렇게 공부 많이 한 것이 소용없다는 허탈감도 있었습니다.

그러던 어느 날 인터넷에 한화그룹 회장 비서실에서 국제 관계 비서를 모집한다는 광고가 올라왔습니다. 지원하였습니다. 1차 시험을 보았습니다. 그 그룹 차장 아들과 둘 남았습니다. 이제 둘 중의 하나입니다. 저는 딸과 아내와 함께 앉아서 말했습니다.

"사람은 판단력이 빠르고 정확해야 해. 차장 아들과 너, 이렇게 두 명을 남긴 것은 분명히 네가 들러리라는 것이다. 아예 포기해라. 그리고 아빠가 너를 7년간 유학시킨 것은 하나님이 너를 쓰시라고 공부시켰지, 사람이 너를 쓰라고 공부시키지 않았다. 포기해라."

이 말을 듣고 아내가 말했습니다.

"여보! 나 3일 금식 기도 할래요."

"기도해도 안 된다니까? 들러리라니까?"

"당신 강대상에서 항상 기도하면 된다고 했잖아요?"

"그 말은 강대상 용어야."

제가 말려도 아내는 3일 금식을 하였습니다. 저도 미안하여 한 끼겨우 같이 금식하였습니다. 드디어 시험을 보았습니다. 딸이 선택되었습니다. 아내의 기도를 하나님이 들으셨습니다.

그러나 딸은 27살이 되어도 남자 한 명 사귀어 본 적도 없고, 집으로 남자에게 전화 한 번 온 적도 없었습니다. 그래서 할 수 없이 제가 서둘러야 했습니다. 부흥회 나가거나 어디를 가도 사윗감을 찾기 시작하였습니다. 성막 세미나에서는 공개적으로 딸을 소개하기도 하였습니다.

• 추수 감사와 365,000원

세월이 흐르면서 추수감사절이 다가오고 있었습니다. 준비 기도를 하고 있었습니다. 그런데 해마다 느끼는 것이지만 장로, 권사, 집사 등 임원들이 추수 감사 헌금을 5만 원, 10만 원 드리는 것이 몹시 거슬렸습니다. 1년 감사를 하나님께 드린다고 하면서 어떻게 신발 한 켤레 값도 못 드리는지 상상이 되지 않았습니다. 맹장에 걸리면 돈이 없어도 200만 원이라도 꾸어서 수술하는데, 어떻게 내 생명을 구원해 주신 하나님께 그렇게 드리는지 이해할 수가 없었습니다.

그래서 금년에는 한 달 전에 추수 감사에 대한 설교를 하기로 작정하였습니다. 저는 이렇게 성도들에게 말했습니다.

"이번 추수감사헌금은 한 가정에 최소 365,000원을 하나님께 드려야 합니다. 그 좋으신 하나님께 1년에 한 번 감사드리면서 하루에 1,000원씩만 드린다 해도, 1년이면 365,000원 아닙니까? 나이키 신발 한 켤레도 10만 원인데, 하나님께 드리는 데 너무 인색하지 마십시오. 꾸어서라도 금년 추수감사절에는 365,000원을 최소 단위로 드리십시오."

평상시 돈 이야기를 잘 안 하는 저는 성도들의 추수감사헌금 드리는 자세를 바꾸려고 저답지 않게 강력하게 설교하였습니다. 그리고 한 달 동안 주일마다 잊지 않도록 회상시켰습니다. 분위기를 파악해 보니 온 교인들이 순종할 자세였습니다. 아름다운 교인들이었습니다. 아주 가난한 가정도 꾸어서라도 이번 감사절에는 365,000원을 드리겠다고 하는 이야기가 들려왔습니다.

드디어 다음 주일이 추수감사절입니다. 일주일 앞두고 가만히 생각해 보니, 다음 주에는 재정부원들이 고생을 많이 할 것 같은 생각이 들었습니다. 그래서 주보에 재정부 온라인 번호를 넣었습니다. 그리고 제가 광고하였습니다.

"성도 여러분! 모두가 이번 추수감사절에는 365,000원씩 준비하고 있다는 소식을 듣고 기뻤습니다. 그런데 다음 주에 헌금하면 재정부에서 돈 세느라고 고생할 것 같습니다. 재정부 온라인 번호를 주보에 넣었습니다. 이번 주에는 수고스러워도 은행에 가서 저금으로 헌금하시면 좋겠습니다. 그러면 재정부에서 셀 필요도 없이 헌금이 정리될 것입니다."

순수한 우리 성도들은 주간 내내 은행을 드나들었습니다. 저도 은행에 갔습니다. 성도들에게는 한 가정에 365,000원씩 하라고 하였지만, 저는 목사로서 아무래도 적은 것 같았습니다. 그래서 한 식구별로 365,000원씩 하기로 작정하였습니다. 그렇게 돈을 가지고 은행에 갔습니다.

지점장님이 뛰어나와 저를 맞았습니다. 우리 교회 거래 은행입니다. 앞으로의 건축을 위하여 많은 돈이 저축되어 있었습니다. 그래서 저를 항상 귀빈 대접을 해 주었습니다. 지점장님은 제가 가기만 하면 지점장실로 안내하고, 은행원을 불러서 일처리를 하게 하였습니다. 저는 미안하여 말했습니다.

"이 은행에 있는 돈은 모두 다 하나님의 돈이고, 우리 교회 돈이지, 제 돈은 없습니다. 저를 그렇게 대할 필요가 없습니다."

그러면 지점장님은 항상 이렇게 말합니다.

"저도 알아요. 목사님! 그렇지만 목사님이 우리 은행 사용하지 않고 다른 은행 사용하라고 하시면 이 돈이 다 빠져 나가지 않습니까? 우리는 목사님을 잘 모실 것입니다."

저는 속으로 싫지 않았습니다. 저금을 하러 왔다고 하니까 미스 박을 불렀습니다. 미스 박이 들어와 물었습니다.

"이름과 액수를 말해 주십시오."

"강문호 365,000원, 아내 이예진 365,000원, 딸 강라미 365,000원,

아들 강희일 365,000원."

"목사님! 왜 365,000원씩이에요? 그리고 갈보리 교인들은 오기만 하면 365,000원인데 무슨 이유가 있어요?"

저는 웃으면서 말했습니다.

"미스 박은 몰라도 돼요."

그리고 다 끝났다고 일어나려 하는데 성령님이 이렇게 말씀하시는 것이었습니다.

"강문호야! 네 가정의 가장 큰 기도 제목이 무엇이냐?"

"딸 시집가는 것이 우리 가정에는 가장 큰 기도 제목입니다."

"그러면 이번 추수감사절에 사위를 얻은 것으로 믿고 사위 이름으로 하나 더 하지."

저는 이런 성령의 영감을 받고 나가려는 미스 박을 불렀습니다. 그리고 말했습니다.

"한 명 더 저금 받으세요."

"누구 이름으로요?"

저는 사위 이름을 알 수가 없었습니다. 그러나 순간적으로 나오는 말이 '강 사위'라고 하였습니다. 미스 박은 "강 사위라는 이름도 있어요?"라고 물었습니다.

저는 웃기만 하였습니다. 강 사위라는 이름으로 365,000원을 저금하였습니다.

재정부에서 통장을 정리하다가 '강 사위'라는 이름을 발견하고 제게 강 사위가 누구냐고 물었습니다. 저는 사정 이야기를 하였습니다. 모두가 웃었습니다.

• 강 사위가 나타나다

온 교인들이, 목사님이 '강 사위' 이름으로 추수감사헌금을 하고 기도하고 있다는 것을 다 알게 되었습니다.

모두 같이 기도해주었습니다.

그러던 어느 날 바로 옆의 아멘교회 부흥회를 인도하게 되었습니다. 5분 거리도 안 되는 옆 교회인데 저를 강사로 모신 아멘교회 조창환 목사님은 정말 용기 있는 목사님이라고 여기고, 부흥회를 인도하였습니다.

둘째 날 오전 성경 공부를 마치고 점심식사를 하러 일식집으로 갔습니다. 여러 사람이 둘러앉아 식사를 하면서 제가 말했습니다.

"우리 딸 시집 좀 보내 주세요."

식사를 대접하는 조화숙 여자 장로님이 이 말을 듣고는 어떤 딸이냐고 물었습니다. 저는 거침없이 딸 자랑을 하였습니다. 미국 유학 7년, 한화그룹 국제부에서 일하는 것 등 좋은 것만 소개하였습니다.

장로님은 즉석에서 자기가 기도하고 있는 며느리라는 것이었습니다. 사업가였습니다. 외아들의 짝을 위하여 기도 중이었다는 것이었습니다. 해외의 많은 지사와 연결되어 있기에 국제 사회를 알고, 영어를 알고, 믿음이 있는 자부를 놓고 기도를 맹렬히 하고 있었는데, 바로 딱 맞는다는 것이었습니다.

신비할 정도로 서로 맞았습니다. 저는 이렇게 옆 교회가 저를 부흥 강사로 부른 데에는 이런 뜻이 있음을 알았습니다. 둘이 서로 만나 보더니 둘 다 한결같이 좋다는 것이었습니다. 초고속으로 모든 일이 진행되었습니다.

드디어 약혼을 하였습니다. 결혼을 앞두게 되었습니다. 신랑 집에서 매리어트 호텔을 결혼 장소로 선택하였습니다. 가난한 목사 가정으로서는 호텔 결혼이 부담스러웠습니다. 물질적으로 부담스러운 것은 물론이고, 검소하게 살라고 강조해 온 제 말이 어긋나는 것 같아 더 부담스러웠습니다.

우리 13분 장로님들과 의논하였습니다. 목사가 호텔에서 결혼식을 해서는 안 된다는 장로님이 한 분 계셨습니다. 나머지는 신랑 집에 따라야 한다고 말해 주었습니다. 따르기로 하였습니다. 그러나 비용이 걱정이었습니다.

• 축의금을 첫 열매로

그런데 결혼을 앞두고 기도하는데 하나님의 음성이 들렸습니다.
"강문호야! 네 딸이 시집가서 잘살기를 원하느냐?"
"하나님! 어느 부모가 딸이 잘 못 살기를 바라겠어요?"
"그러면 내게 잘 보여야 한다. 결혼 첫 열매를 내게 바쳐라."
"첫 열매가 무엇입니까?"
"결혼 축의금이 첫 열매다."
"하나님! 그 돈은 호텔 결혼식 비용에 써야 하는데요······."
"바쳐라."

하나님은 냉정하셨습니다. 그래서 장로님들에게 말씀드렸습니다. 결혼식 축의금은 재정부에서 받아서 하나님께 모두 드리라고 말씀드렸습니다. 저는 지금까지 결혼 축의금을 결혼 첫 열매로 드렸다는 말을 들어 본 적이 없었습니다. 장로님들도 모두 놀랐습니다.

그러나 하나님이 그렇게 말씀하시니 하나님의 말씀을 모두 따르기로 하였습니다.

• 결혼식

결혼을 축하하며 거의 1,000여 명 정도가 호텔을 찾았습니다. 성대한 결혼식이었습니다. 감리교 사모 성가대까지 동원되었습니다. 소리엘 두 가수도 축가를 부르러 왔습니다. 라미 친구들이었기에 초대 손님이 아니라 축하객으로 와서 축가를 불러 주었습니다. 부산, 광주, 울산, 대전 등 각지에서 귀한 분들이 많이 오셔서 축하해 주셨습니다.

성대한 결혼식이었습니다. 성가대가 기도 후, 설교 전, 설교 후 찬양하니까 마치 주일 낮 예배를 드리는 것 같았습니다. 모두의 평가가 일치하였습니다.

"이렇게 은혜로운 결혼식은 처음 보았다."

• 헌금

축의금을 계산하니 약 3,000만 원이었습니다. 그동안 우리 집으로 우편이나 온라인으로 온 것 300만 원 가량을 그대로 넘겼습니다. 정확하게 하고 싶었습니다. 재정부에서는 3,000만 원에 놀라지 않고 집으로 온 것을 다 넘기는 데서 놀랐습니다. 첫 열매를 드리는 마음은 흐뭇하였습니다.

• 뒤처리

모두를 환송하고 나서 호텔에는 우리 사돈과만 마주앉았습니다. 서로 하나님의 은혜에 감사드렸습니다. 호텔 지배인이 계산서를 가지고 왔습니다. 4,900만 원이었습니다. 저는 이렇게 식사비가 많이 나온 것은 처음 보았습니다. 사돈댁이 말했습니다.

"목사님이 하라는 대로 할게요."

저는 얼른 말했습니다.

"장로님 댁이 부자니까 많이 내세요. 우리가 2,400만 원 낼 테니, 그쪽에서 2,500만 원 내세요. 그리고 신혼여행에서 돌아오면 파티 합시다. 그 비용은 우리 부담입니다."

그렇게 계산하고 집으로 돌아왔습니다. 물론 카드 세 개로 나누어 지불하였습니다.

그리고 돌아와서 딸아이 방에 들어갔습니다. 어제까지 있던 딸이 없다는 생각에, 그 자리에 앉아서 펑펑 울었습니다. 딸 생각 20%, 돈 생각 80%였습니다. 딸을 가난한 목사가 시집을 보내고 나니 빚이 많이 남았습니다.

한참 울다가 안방으로 오니 아내도 눈물을 흘리고 있었습니다. 저희 둘은 같이 울다가 결혼 빚을 적어 보았습니다. 우리 살림에 3년은 갚아야 했습니다.

• 두 가지 선물

3일 후 사돈이 우리 집을 찾았습니다. 그리고 2,400만 원을 주면서 말했습니다.

"3일 동안 자는데 카드 세 장이 왔다갔다해서 잘 수가 없었습니다. 가난한 목사님이 카드로 긁으셨으니 얼마나 어려울까 해서 가지고 왔습니다."

저는 "이런 것을 왜 가지고 오세요?" 하면서 얼른 받았습니다. 또 며칠이 지났습니다.

우리 교회 장로님들이 5,000만 원 정도의 승용차를 끌어다가 놓아

주셨습니다. 제가 헌금한 것에 보태어서 자동차를 바꾸었다는 것입니다.

모든 영광을 하나님께 돌립니다.

▌존경받는 무소유의 사람

김수한 추기경, 한경직 목사님이 돌아가셨을 때 온 세상이 그를 존경하였습니다. 이유가 많습니다. 그러나 매스컴에서 가장 부각시킨 것 중의 하나가 무소유였습니다.

성경에서 가장 존경받는 사람은 구약에서는 모세, 신약에서는 바울입니다. 이들은 전혀 물질에 관심을 갖지 않았던 사람입니다.

우리의 거울이요 우리의 모델인 예수님도 마찬가지입니다.

▌돈 불

《19세기 독일의 단막극》이라고 하는 책이 있습니다.

그 가운데 "돈 불"이라는 이야기가 있습니다. 뮤지컬로 무대에 올랐던 작품입니다.

어떤 부요한 가정에 계모로 들어간 여인이 있었습니다. 그런데 이 계모가 얼마나 착했던지 전실의 자녀들과 행복하게 살았습니다. 그 가정에는 행복의 꽃이 피었습니다.

그러던 어느 날 갑자기 아버지가 세상을 떠났습니다. 세상을 뜨자마자 그 화목한 가정은 전쟁터로 바뀌었습니다. 재산 상속 때문에 싸움이 벌어졌기 때문입니다. 계모가 시신 앞에서 말했습니다.

"내 몫을 챙겨야 되겠다."

큰아들은 내가 장남이니까 재산을 자기가 상속받아야 원칙이라고 주장하였습니다. 웃음은 사라지고 전쟁터가 되었습니다. 시신을 건넌방에 두고 싸움이 벌어진 것입니다.

이런 와중에 한 자녀가 말했습니다.

"우리가 왜 이렇게 싸우지? 어제까지는 화목하게 살았잖아. 화목하게 사는 것이 좋은 것이지 무엇 때문에 이러지? 돈 때문에 그래? 그러면 돈을 버려야지."

그때 한 사람이 말했습니다.

"그래, 돈을 다 버리자. 그리고 우리 화목하게 살자."

그들은 금고에 있던 돈을 다 꺼내서 불태웠습니다. 모두가 불가에서 말했습니다.

"아, 돈 불. 따뜻하다."

불을 쬐면서 서로 얼굴을 보니까 얼굴에 웃음이 떠올랐습니다.

이것이 "돈 불"의 내용입니다.

돈을 초월하고 인격을 존중하는 사회가 건강한 사회입니다. 무소유의 정신을 갖고 살아가는 사람이 존경받습니다.

〈리더스다이제스트〉에 실린 글입니다.

미국 어느 제철 공장 지대에 위치한 교회에서 생긴 일입니다. 제철 경기가 너무나 극심한 불경기로 인해 수많은 노동자가 실직한 상황이었습니다. 모두 살림이 말이 아니었습니다. 굶는 이도 있었습니다.

예배를 드리던 중 광고 시간이었습니다. 한 명이 일어섰습니다. 그리고 말했습니다.

"여러분! 이 모자 속에는 5달러짜리 돈 100장이 들어 있습니다. 모두 500달러입니다. 나는 그동안 교회에서 여러분을 위하여 좋은 일을 한 번도 못하고 살아왔습니다. 그래서 이 모자를 돌리려고 합니다. 저의 성의로 알고 한 장씩 가지고 가시기 바랍니다. 이것이 저를 편안하게 해주시는 길입니다. 물론 저도 너무 어렵습니다."

그리고 그는 교인들에게 그 모자를 돌렸습니다.

돈을 꺼내 가는 이도 있었고, 돈이 있는 이들은 그의 아름다운 마음을 보고 오히려 돈을 집어넣는 이도 있었습니다. 다 돌아서 모자 속을 보니 모자 속에는 1,067달러가 들어 있었습니다.

이것을 보고 목사님이 말했습니다.

"우리 교회에는 기둥 같은 일꾼이 많군요. 모두 아름다운 이야기뿐이군요."

나눔은 아름다운 것입니다.

▌탈무드의 돈에 대한 속담

탈무드에서 돈에 대한 속담을 골라 보았습니다.

몸은 마음에 의지하고, 마음은 지갑에 의지한다.
돈이 소리를 내면 욕이 그쳐진다.
돈으로 행복을 살 수는 없지만 행복을 불러오는 데 큰 역할을 한다.
돈이 인생의 전부가 아니라고 말하는 사람에게는 죽을 때까지 돈이 쌓이지 않는다.

집안에 돈이 있으면 집안에 평화가 있다.

인간이 동물과 다른 점은 돈 걱정을 한다는 것이다. 돈 걱정을 하는 동물은 하나도 없다.

랍비가 길거리에서 설교하는 것보다 10달러씩 준다면 더 인기가 좋다.

좋은 수입보다 더 좋은 약은 없다.

돈은 어떤 문제도 열 수 있는 황금 열쇠다.

부자가 되는 길이 있다. 내일 할 일을 오늘 하고, 오늘 먹을 것을 내일 먹으면 된다.

돈을 빌릴 때 웃으면 갚을 때 울게 된다.

명의는 가난한 사람만 못 고치고 다 고칠 수 있다.

■ 내 돈을 내가 쓰는데……

고대 그리스의 철학자 제논에게 허영심이 많은 제자 한 명이 있었습니다. 사치를 좋아하고 돈을 물 쓰듯이 쓰는 이였습니다. 제논이 제자를 조용히 불렀습니다. 그리고 야단을 쳤습니다. 그러나 그 제자는 뻔뻔하게 말했습니다.

"그만한 돈이 있어서 쓰는데 무엇이 잘못되었다는 말입니까? 내 돈을 내 마음대로 쓰는데 왜 간섭하십니까?"

이 말을 듣고 제논이 말했습니다.

"그러면 소금이 많다고 요리하는 사람이 음식에 소금을 마구 집어넣어도 되느냐? 무슨 일에든지 절제가 있어야 하느니라."

■ 돈 때문에

어떤 사람이 물에 빠져서 노도 같은 물결에 휩쓸려 떠내려가고 있었습니다. 한 사람이 위험을 무릅쓰고 생명을 걸고 뛰어 들어가서 드디어 건져 냈습니다. 구경하던 사람들이 물에서 나오는 모습을 보면서 박수를 쳤습니다. 그리고 놀라서 물었습니다.
"어떻게 당신은 그렇게 용감하게 물속으로 뛰어 들어갔습니까?"
그 사람이 말했습니다.
"저 사람이 내게 갚을 돈이 많아요."
돈을 받으려고 용감하였던 것입니다.

■ 혼자 살려는 사람

프랑스의 실존주의 철학자 알베르 카뮈가 쓴 소설이 있습니다. 정말 유명한 소설입니다.
《흑사병》이라는 소설입니다. 이 소설에 파늘루라는 신부가 등장합니다. 그는 온통 흑사병에 걸린 사람들을 살리는 데 힘을 쏟고 있었습니다
그런데 마르세이유에는 흑사병이 더욱 심해 갔습니다.
그 곳에 벨정스라는 사교 집단이 있었습니다. 교주는 자기도 흑사병에 걸릴 것을 두려워하였습니다. 그래서 자기 집 담을 높이 쌓았습니다. 그리고 먹을 양식을 잔뜩 날랐습니다. 몇 년이고 견딜 생각입니다. 누구도 들어오지 못하고 나가지도 못하게 하였습니다. 이제 흑사병으로부터 안전하다고 생각하였습니다.

이런 사실을 알게 된 성도들은 화가 치밀었습니다. 분노가 폭발하기 시작하였습니다.

시민들은 흑사병으로 죽은 시체를 담 너머로 던져 넣기 시작하였습니다. 흑사병으로 죽은 시체를 그의 담에 매달았습니다. 그의 집은 악취로 가득하게 되었습니다. 시체들의 성이 되어 버렸습니다.

파늘루 신부는 이렇게 말했습니다.

"우리도 마찬가지입니다. 흑사병에 외딴곳은 없다는 것을 기억하십시오. 나 혼자만 살겠다는 것은 불가능입니다. 나만 살겠다는 이기적인 마음을 버려야 합니다. 결단코 중간은 존재하지 않습니다."

우리는 항상 조심하면서 살아야 합니다.

▎마르틴 이야기

마르틴 이야기를 하나 드리고 무소유에 관한 이야기를 마치려고 합니다.

중세기에 가장 유명한 성자로 지목받고 있는 이가 있었으니, 그가 바로 마르틴(Martin)입니다.

콘스탄티누스 황제가 온 유럽을 지배하고 있던 시절에, 마르틴은 헝가리에서 태어났습니다. 마르틴은 어려서부터 예수님을 영접하였습니다. 마르틴은 수도승이 되어 경건한 삶을 살기를 소원하며 자라났습니다.

그러나 마르틴의 아버지는 그렇지 않았습니다. 아버지는 황제를 위한 군대가 따로 있었는데 그 군대에 소속되어 있었습니다. 그래서 아들 마르틴도 그 군대에 입대하기를 소원하고 있었습니다. 마르틴은 자기의 소원과는 달리 아버지의 권유로 프랑스에서 근무하는 기병대에 입대하여 일하게 되었습니다.

그러던 어느 추운 겨울날이었습니다. 마르틴은 아미앵(Amiens) 정문 밖에서 일하고 있었는데 이때 옷도 입지 않고 벌벌 떨면서 불쌍한 모습으로 지나가는 거지를 보았습니다.

마르틴은 이 거지를 보자마자 허리에 차고 있던 칼을 뽑아 들었습니다. 그리고 자기의 옷을 반으로 잘라낸 후 그 옷자락을 거지에게 걸쳐 주었습니다.

그날 밤이었습니다. 마르틴은 이상한 꿈을 꾸었습니다. 예수님께서 자기가 거지에게 준 옷을 입고 마르틴에게 나타나셨습니다. 그러더니 슬그머니 사라지는 것이었습니다.

이 꿈은 마르틴의 생애를 변화시켰습니다.

그는 군대에서 나와 버렸습니다. 그리고 자기가 되고 싶었던 수도승이 되었습니다. 그리고 하나님께 온전히 헌신하는 삶을 살게 되었습니다. 무소유로 살았습니다. 성경을 사람들에게 가르치며 살았습니다. 수많은 신비한 기적이 마르틴을 따랐습니다.

그러던 어느 날 그에게 교회 중직들이 찾아왔습니다. 그리고 투르(Tours)에서 감독이 되어 달라고 요청하였습니다. 마르틴은 감독 자리를 원하지 않았습니다. 그래서 은둔 생활을 시작하였습니다. 사람들을 만나기 싫어서였습니다.

그러나 숨어만 있을 수는 없었습니다. 마르틴과 함께 살던 거위들이 꺽꺽 울어대는 바람에 들키고 말았습니다.

마르틴은 하나님께 기도할 때마다 머리에 불이 내려와서 타고 있었습니다. 하나님의 임재를 의미하였습니다. 그는 무소유로 오직 기도하며 사랑하며 살았습니다.

사람들은 무소유의 사람을 존경합니다.
자기는 물질적으로 욕심쟁이일지라도 무소유의 사람을 존경합니다. 존경받는 사람은 무소유의 DNA가 흐르는 사람입니다.

제2의 DNA 유머

사람들이 존경하는 사람은 어떤 DNA가 흐르는 사람일까요?

사람들은 늘 웃으며 남에게 평안함을 주는 유머러스한 사람을 존경합니다. 웃을 줄도 알고 다른 사람을 웃게 할 줄도 아는 사람을 사람들은 존경합니다.

웃지 않는 것은 1억 원을 은행에 두고 그 돈을 전혀 쓰지 않는 것과 같습니다.

노먼은 말했습니다.

"웃음은 해로운 감정이 스며들어 병이 생기는 것을 막아 주는 방탄조끼다."

마틴 루터는 말했습니다.

"만일 천국에서 웃음이 허용되지 않는다면 나는 그 곳에 가고 싶지 않다."

대런 라쿠루아는 말했습니다.

"유머의 힘은 마그넷과 같다. 긍정적인 유머는 끌어당기고, 부정적인 유머는 밀어낸다. 그러므로 유머는 현명하게 사용해야 한다."

채근담은 말했습니다.

"한 마디의 말이 들어맞지 않으면 천 마디의 말을 해도 소용이 없다. 그러므로 중심이 되는 말 한 마디는 신중해야 한다. 중심을 찌르지 못하는 말은 차라리 입 밖에 내지 않는 것이 좋다."

"삼류는 힘들 때 울지만, 이류는 힘들 때 참는다. 그러나 일류는 힘들 때 웃는다."

"바보가 되려면 안 웃어도 되고, 보통 사람이 되려면 잘 웃으면 되고, 뛰어난 사람이 되려면 잘 웃겨야 한다."

데일 카네기는 말했습니다.

"웃음은 별로 소비되는 것은 없으나 건설하는 것은 많으며, 주는 사람에게는 해롭지 않으나 받는 사람에게는 넘치고, 짧은 인생으로부터 생겨나서 그 기억은 길이 남으며, 웃음 없이 부자가 된 사람이 없고, 웃음을 가지고 가난하게 된 사람도 없다."

큰 사람일수록, 존경받는 사람일수록 유머가 아름답다는 사실을 알아야 합니다.

몇 년 전에 미국 바이올라 대학의 총장님이 우리나라를 방문하였습니다. 저에게 3일 동안 안내를 맡아 달라는 부탁이 미국에서 왔습니다. 저는 이상하여 물었습니다.

"왜 내게 그분의 안내를 맡기십니까?"

대답은 이것입니다.

"우리 학교에 다니는 학생의 부모를 찾았습니다. 돈도 좀 쓰셔야 하고 언어도 되어야 하기 때문입니다. 목사님은 둘 다 가지고 계십니다."

그래서 총장님을 모시게 되었습니다.

호텔에 모셔 놓고 아침에 만나러 갔습니다. 그리고 민속촌과 서울의 고궁을 두루두루 둘러보았습니다. 그런데 만나는 순간부터 헤어지는 순간까지 항상 저를 즐겁게 해주었습니다. 항상 고급 유머였습니다.

하루가 어떻게 가는지 모르게 즐겁게 지냈습니다.

예를 들어 보겠습니다.

"강 목사님! 지난 주간이 미국은 연휴였어요. 우리 교회에서 성만찬을 하였지요. 목사님은 연휴로 많은 사람들이 주말여행 떠난 것을 생각하지 못하시고 성만찬을 정상적으로 준비하였는데, 많이 결석하였지요. 많이 남았지요. 목사님은 버리기 아깝다고 포도주를 다 마시고 축도도 못하시고 예배를 마쳤어요."

이런 실생활 유머였습니다.

민속촌에 갔습니다. 총장님이 말했습니다.

"강 목사님! 한국 사람들은 매운 것을 좋아한다고 들었습니다. 매운 것 맛 좀 보여줘요."

그래서 저는 민속촌 장터에 가서 육개장을 주문하였습니다. 물론 더 맵게 해 달라고 주문하였습니다. 그 매운 육개장을 먹다가 콧물이 국 속으로 떨어졌습니다. 그는 껄껄 웃으면서 말했습니다.

"내가 밥을 먹다가 콧물이 떨어지는 것은 맛있게 먹고 있다는 증거가 나타난 것이거든요."

그러고는 건져 내고 태연히 먹었습니다.
항상 같이 있는 사람을 즐겁게 해주는 사람이 존경받는 사람입니다.

지난해 미국에서 존경받는 기업 2위에 오른 회사가 있습니다. 사우스웨스트 항공사입니다. 사장은 허브 켈리입니다. 그의 별명이 있습니다. 바로 '미국에서 가장 웃기는 경영자' 입니다.

그는 신입 사원 입사 면접에서 하나만 테스트합니다. 웃겨 보라고 합니다. 면접시험이 유머 시험입니다. 유머를 하게 하여 웃기면 합격입니다. 못 웃기면 불합격입니다.

그의 소신은 이것입니다.

"유머를 갖춘 인재야말로 조직에 활력을 불어넣고 조직을 성공으로 이끈다."

작가이자 연설가로 유명한 레오 비스카글리아는 이런 말을 하였습니다.

"사람은 함께 웃을 때 서로 가까워지는 것을 느낀다."

그러면 왜 사람들은 유머 있는 사람을 존경하는 것일까요?

1. 유머가 있는 사람은 여유 있는 사람이기 때문입니다

유머는 여유에서 나옵니다. 마음의 여유가 없는 사람은 결코 유머를 할 수도 없고 들을 수도 없습니다.

여유를 가지면 큰 문제도 살짝 넘기고 더 잘할 수 있습니다. 여유를 가지면 당황하지 않고 어려운 문제를 풀어 갈 수 있습니다.

아내가 삼층밥을 만들었습니다.
여유가 없는 남편은 소리를 지를 것입니다.
"이것도 밥이라고 했어?"
그러나 여유 있는 남편은 살짝 유머로 넘깁니다.
"오늘 세 종류의 밥을 골고루 먹게 된 것은 당신 덕분이야."

밥을 먹다가 돌이 나왔을 때도 그렇습니다.
"정신 좀 차려!"
그러나 여유 있는 남편은 살짝 웃으면서 유머로 넘깁니다.
"그래도 돌보다는 밥이 많네."

두 아들을 낳았습니다. 큰아들 이름을 '고다'라고 지었습니다. 둘째 아들 이름은 '고야'라고 지었습니다. 그래서 두 아들을 부를 때마다 외쳤습니다.
"최고다, 최고야."

어떤 정치가가 연설을 하는데 반대 당 사람들이 달걀을 던졌습니다. 그는 연설하면서 달걀 세례를 받으면서 웃었습니다. 그리고 던진 사람을 쳐다보면서 말했습니다.
"소금도 같이 던져 주세요."
이것이 여유입니다.
이럴 때 화를 내는 사람과 웃는 사람, 둘 중에 누구를 더 존경하게 될까요?

묻지 않아도 당연한 것입니다.

유머가 있는 사람은 여유가 있다는 증거입니다.

모세가 10가지 재앙을 애굽에 퍼부었습니다. 모세는 200만 명의 이스라엘 백성들을 400년 만에 해방시켰습니다. 모두 홍해까지 나왔습니다. 이때 바로가 노예들을 다 내보내고 나니 사회가 마비되었습니다. 일할 사람이 없었습니다.

짓던 모든 공사가 중단되었습니다. 벽돌 공장이 마비되었습니다. 각종 공장들이 쉬게 되었습니다. 농사지을 사람이 없어 식량난이 발생할 것이 뻔했습니다. 소와 양을 돌볼 목자가 없어서 짐승들도 모두 굶어 죽게 되었습니다. 들판에 익어가는 밀과 보리를 거둘 노동력이 없어졌습니다. 들판에서 곡식이 썩어갈 지경이 되었습니다.

그래서 바로는 이스라엘 백성들을 다시 잡아들이려고 따라갔습니다. 마침 홍해 앞에 이스라엘 백성들이 다 모여 있었습니다. 바로는 외쳤습니다.

"하나님은 작전에 미숙한 분이로구나! 독 안에 든 쥐다."

무기가 없는 이스라엘 백성들을 탱크만 600대를 가진 애굽 군대가 다시 잡아 가는 것은 이제 시간 문제였습니다. 점점 다가오고 있었습니다. 앞에는 홍해, 뒤에는 애굽 군사였습니다. 앞으로 가도 죽음, 뒤로 가도 죽음이었습니다. 앞으로 가도 문제, 뒤로 가도 문제였습니다.

이때 두 가지 반응이 일어났습니다.

1. 포기한 백성들이 있었습니다.
2. 포기하지 아니한 모세가 돋보입니다.

이스라엘 백성들은 모든 것을 포기하고 이렇게 말했습니다.

"애굽에 매장지가 없으므로 당신이 우리를 이끌어 내어 이 광야에서 죽게 하느뇨 어찌하여 당신이 우리를 애굽에서 이끌어 내어 이같이 우리에게 하느뇨 우리가 애굽에서 당신에게 고한 말이 이것이 아니뇨 이르기를 우리를 버려 두라 우리가 애굽 사람을 섬길 것이라 하지 아니하더뇨 애굽 사람을 섬기는 것이 광야에서 죽는 것보다 낫겠노라"(출 14:11-12).

그러나 모세는 포기하지 않았습니다. 여유가 있었습니다.

"너희는 두려워 말고 가만히 서서 여호와께서 오늘날 너희를 위하여 행하시는 구원을 보라 너희가 오늘 본 애굽 사람을 또 다시는 영원히 보지 못하리라 여호와께서 너희를 위하여 싸우시리니 너희는 가만히 있을지니라"(출 14:13-14).

그때 하나님께서 모세에게 홍해에 지팡이를 내밀라고 명하셨습니다. 모세는 지팡이를 홍해로 내밀었습니다. 홍해가 갈라졌습니다.
그리고 이스라엘 백성들이 홍해를 건넜습니다. 성경은 말하기를 이스라엘 백성들이 바다를 건널 때 양쪽으로 물벽이 되어 있었다고 말합니다.

애굽 군사들이 이스라엘 백성들의 뒤를 따랐습니다. 이스라엘 백성들이 홍해를 다 건넌 후 모세는 다시 지팡이를 홍해에 내밀었습니다. 홍해가 다시 합해졌습니다. 애굽 군사들은 모조리 바다에 빠져 죽고 말았습니다.

사람들이 존경하는 사람은 여유가 있는 사람입니다. 여유가 있으면 유머가 나옵니다. 웃을 수 있습니다.
어떤 정치가의 이야기입니다.
선거에 출마하였습니다. 반대 당에서 자꾸만 돌을 던지는 것이었습니다. 애매한 말로 헐뜯고 비난하는데, 정도가 심하였습니다. 참모들이 물었습니다.
"저렇게 비난하는데 어떻게 하겠습니까?"
그가 말했습니다.
"우리 집에 강아지 한 마리가 있지요. 달만 보면 그렇게 짖어대요. 아무리 강아지가 짖어대도 달빛은 흐려지지 않아요. 그냥 우리 할 일만 해요."
이렇듯 여유 있는 사람은 웃을 수 있습니다.

2. 유머가 있는 사람은 하나가 되게 하는 사람이기 때문입니다

사람들은 같이 웃으면서 하나가 됩니다. 같이 입을 벌리면서 동질성을 가지게 됩니다.
평택 어느 교회에 부흥회를 갔습니다. 담임목사를 교회에서 위임하려고 투표할 때였습니다. 반대자가 많았습니다. '지금 담임목사를 위임시키지 말자'는 사람들이 더 많았습니다. 그때 노회장님이 오셔서 설교를 하였습니다. 투표하기 전의설교입니다. 그때 이런 유머 하나가 온 교인들을 하나로 만들었습니다.

서울 총각과 경상도 처녀가 결혼하였습니다. 어느 날 남편이 국수를 끓여 먹자고 말했습니다. 아내는 '국수'가 아니라 '국시'라고 말했습니다. 서로 우기다가 이장에게 물으러 갔습니다. 이장이 말했습니다.
"국수는 밀가루로 만든 것이고, 국시는 밀가리로 만든 것이다."
둘은 이 말을 듣고 물었습니다.
"밀가루와 밀가리는 어떻게 다른가요?"
이장이 말했습니다.
"봉투에 들어 있는 것은 밀가루이고, 봉다리에 들어 있는 것은 밀가리다."
다시 봉투와 봉다리는 어떻게 다른지를 물었습니다. 이장이 말했습니다.
"기계로 만든 것은 봉투이고, 손으로 풀칠하여 만든 것이 봉다리다."
이 말을 하면서 노회장님이 말했습니다.
"사람은 다 그렇고 그런 것입니다. 다른 사람을 목사로 모셔도 그게 그것일 것입니다. 이 분에게 한번만 기회를 주세요."
그리고 투표하였습니다. 모두가 껄껄 웃으면서 찬성표를 던졌습니다. 유머 하나가 모두를 하나로 만들었습니다.
웃으면서 하나가 되었습니다.

그래서 유머가 있는 사람은 모든 사람의 감정을 하나로 만들 수 있는 사람이기에 존경의 대상이 됩니다.

3. 유머가 있는 사람은 창조적인 아이디어를 줄 수 있기 때문입니다

얼마 전까지만 해도 우리는 '엔도르핀'이라는 말을 많이 하였습니다. 웃으면 엔도르핀이 많이 나와 면역성을 증가시켜서 병을 이기게 한다는 요소가 엔도르핀입니다. 그러나 최근 의학계에서는 놀라운 요소를 발견하였습니다.

다이도르핀(Didorphin)이라는 요소입니다.

엔도르핀보다 수천 배 강력한 요소입니다. 기쁨과 웃음은 다이도르핀을 발생케 한다는 보고입니다.

실제로 실험을 하였습니다. 관절염이 심하여 고통을 받는 환자가 있었습니다. 이제는 도저히 손을 쓸 수 없는 지경에 이르렀습니다. 그러나 그가 깨끗이 고침을 받았습니다. 친구가 물었습니다.

"무슨 약을 먹었니?"

그는 약병을 꺼냈습니다. 그리고 돌돌 말은 종이쪽지를 하나씩 펴 보이며 말했습니다.

"하루에 세 정씩 먹었지."

그 종이에는 유머가 한 편씩 적혀 있었습니다. 하루에 세 번씩 정기적으로 혼자 웃었습니다. 치료되었습니다.

세계에서 제일 잘 웃는 민족은 유대인입니다.

유대인이 있는 곳에는 웃음이 있습니다. 유대인들은 가정에서도 웃고, 직장에서도 웃고, 길거리에서 웃고, 학교에서도 웃습니다.

특별히 웃지 말아야 할 절기가 있습니다.

자신의 영을 괴롭게 하는 회개의 절기인 대속죄일이나 성전 파괴일 외에는 항상 웃고 삽니다.

세계에서 가장 비참한 비극적인 민족이 유대인입니다. 가장 박해를 많이 받아 온 민족입니다. 1,900년 동안 나라를 잃고 오늘은 이곳, 내일은 저곳으로 쫓겨 다니던 민족입니다. 이민을 받아 주는 곳이 없어서 지구를 떠나고 싶어했던 민족입니다. 그래도 유대인은 항상 웃습니다.

유럽에서 유대인들은 게토에 갇혀 살았습니다.

다른 곳에서 살 수 없는 거주의 제한을 받았습니다. 그러나 그런 속에서도 항상 웃음소리가 흘러 나왔습니다. 자기들을 억압하는 민족은 찡그리고, 유대인들은 항상 웃었습니다. 그래서 더욱 미워하였습니다. 이래저래 미움을 받는데, 너무 웃는다고, 너무 즐거워한다고 미움을 더 받았습니다.

부모상을 당하여도 한 달 이상 슬픔 속에서 살아서는 안 된다고 되어 있습니다. 웃어야 합니다. 이유는 하나입니다.

유대인의 하나님은 태양처럼 밝고 즐거우신 분이고, 항상 웃는 분이라고 알고 있기 때문입니다. 그래서 탈무드에도 유머가 많이 등장하고 있습니다.

유대인들은 말합니다.

"하늘과 땅을 웃기려면 먼저 고아를 웃겨라. 고아가 웃으면 하늘과 땅 모두가 웃는다."

유대인들은 유머를 사랑하였습니다. 그래서 같은 이야기도 재미있게 하였습니다.

44명 목사님들이 마사다에 올라갔습니다. 내려오려는데 케이블카가 고장이 났습니다. 그래서 고치기를 기다리고 있었습니다. 제가 관리에게 물었습니다.

"이런 고장이 자주 있나요?"

그가 말했습니다.

"처음이자 마지막입니다."

우리와 다른 점이 한 가지 있습니다.

우리는 "처음 고장입니다"라고 말할 것입니다. 유대인은 "마지막입니다"라는 유머가 곁들여 있습니다.

유대인들은 70년에 나라를 빼앗겼습니다.

그리고 1948년에 나라를 찾았습니다. 그동안 나라 없이 방황하며 숱한 고난을 당한 민족입니다. 그런 속에서 유머를 발전시켰습니다. 유머가 없었으면 숨이 막혀 죽었을 것입니다.

고난 속에서도 항상 여유가 있습니다.

대표적인 유머가 있습니다.

한 유대인이 얼음 속에서 허우적거리고 있었습니다. 그를 꺼내면서 물었습니다.

"얼음이 깨졌구나."

그가 말했습니다.

"아니오. 수영하는데 주변이 얼었지요."

이같이 고난 속에서도 유머로 살아왔고 또 유머로 살아갈 것입니다. 그래서 유대인들은 늘 말하고 있습니다.

"유머의 꽃은 슬픈 시대에 핀다."

유대인이 배출한 가장 유명한 심리학자는 프로이트입니다. 그는 이렇게 말했습니다.

"유머는 자신의 몸을 지키는 기술 없는 자의 마지막 무기다."

유머는 자기를 지키는 무기입니다. 그렇게 웃으면서 가장 창조적인 일을 많이 한 민족이 유대인입니다.

이스라엘 백성들, 유대인은 작은 것 같지만 큰 사람들입니다. 지금까지 노벨상 수상자를 가장 많이 배출한 민족이 유대인입니다. 노벨상을 받은 사람은 지금까지 모두 300명 정도입니다. 그중에 93명이 유대인입니다. 약 3분의 1이 유대인입니다.

경제 분야에서 65%의 노벨상을, 의학 분야에서 23%, 물리 분야에서 22%, 화학 분야에서 12%, 문학 분야에서 8%를 유대인이 수상하였습니다.

미국 유대인의 생활 수준은 평균이 두 배입니다. 미국 인구의 2%입니다. 그런데 상위 400가족 중에 24%, 최상위 40가족 중에 42%를 차지하고 있습니다.

미국에 변호사가 70만 명입니다. 그중에 20%인 14만 명이 유대인입니다. 뉴욕 중고등학교 교사 중에 50%가 유대인입니다. 국민 투표로 당선된 미국 국회의원 535명 중 42명이 유대인입니다.

미국의 유명한 대학인 프린스턴 대학교, 하버드 대학교의 교수 중 25-35%가 유대인입니다. 그런데 그중에 총장, 주요 행정 책임자의

90%가 유대인입니다.

가장 영향력이 있는 매스컴인 뉴욕 타임즈 사장인 슐츠버거(Shultzburger), 워싱턴포스트 지 사장 캐서린 그레이엄(Catherine Graium), 가장 출판을 많이 하는 랜덤하우스(Random House) 사장이 유대인입니다.

《세계 속에 영향을 미친 유대인 100명》이란 책을 보면, 모세, 솔로몬, 예수님, 바울, 공산주의 창시자 칼 마르크스, 심리학자 프로이트, 화가 샤갈, 상대성 이론가 아인슈타인, 세계적인 지휘자 번스타인, 외교가 키신저, 영화 "쉰들러 리스트"와 "쥬라기 공원"을 만든 스필버그 등 모두가 유대인입니다.

유머가 가장 많은 민족이 유대인이고, 가장 창조를 많이 한 민족이 유대인입니다.

사람들은 유머가 많은 이를 존경합니다. 창조적인 생각을 하기 때문입니다.

▌정주영 이야기

우리나라 울산의 조선소는 현재 세계에서 제일 큰 배를 만드는 곳이 되었습니다.

일본은 우리를 좇아오지 못하고 있습니다. 배 주문이 많아서 지금까지 주문 받은 것만으로도 내년까지 철야 작업을 해야 한다는 즐거운 비명을 지르고 있습니다.

조선소를 만들기 위하여 자금이 필요하였습니다.

정주영 회장은 영국 버클레이 은행 부총재와 면담을 하게 되었습니다. 엄청난 자금을 빌려 주어야 하니까 영국 경제 전문가, 금융 전문가들이 둘러앉았습니다. 그리고 날카로운 질문이 오고 갔습니다. 그때 갑자기 버클레이 은행 부총재가 물었습니다.

"전공이 무엇입니까?"

정주영은 긴장하였습니다. 평생 아픈 것은, 공부를 하지 못한 것이기 때문입니다. 대학을 나오지 못했으니 전공이 있을 리가 없었습니다. 중학교 졸업한 사람이 무슨 전공이 있습니까? 고등학교도 나오지 못한 아픔이 가장 큰 가시였습니다. 그는 가장 아픈 곳이 찔렸습니다.

정 회장이 갑자기 나온 질문에 대답하지 못하고 있자, 버클레이 은행 부총재가 다시 물었습니다.

"기계 공학입니까? 경영학입니까?"

정주영이 마음을 가다듬고 침착하게 물었습니다.

"내 사업 계획서를 읽어 보셨습니까?"

"물론입니다."

"내 전공은 조선 사업입니다."

모두가 한바탕 웃었습니다. 그것만 앞으로 전공할 것이라고 말한 것입니다. 나는 공부를 못하였지만 앞으로 그 배 만드는 일에만 전공할 터이니 돈을 빌려만 달라고 요청하였습니다. 그리고 500원짜리 동전이 마침 주머니에 있기에 그것을 보여주면서, 우리 조상은 벌써 수백 년 전부터 거북선을 만들었다고 말했습니다.

버클레이 은행 부총재는 껄껄 웃으면서 말했습니다.

"당신의 전공은 유머로군요. 당신의 유머와 사업 계획서를 투자 담당 부서로 보내어 돈을 꾸어 주겠습니다."

그때 만일 정주영이 대학을 나와 전공한 것을 말하면서 거드름을 피웠다면 막대한 자금을 빌리는 것은 불가능했을 것입니다. 공부도 못하고, 전공도 없었기에 가능하였던 것입니다. 가시가 축복이 되었습니다.

정주영은 후에 이렇게 고백했을지도 모릅니다.

"공부를 못한 가시야! 고맙다. 나를 겸손하게 만들고 일이 잘되게 해주어서."

정주영을 변화시킨 세 동물 철학이 있습니다.

1. 청개구리 철학

정주영은 네 번 가출한 적이 있습니다. 첫 번째 가출은 14살 때입니다. 농사를 짓는데 100평 정도의 돌밭을 일구어 개간하는 데 두 달 걸렸습니다. 그때 〈동아일보〉에 연재되는 "흙"이라는 이광수의 소설을 읽고, 그 주인공 변호사 허승처럼 되겠다고 가출한 것이 첫 가출입니다. 그러나 부친에게 붙잡혀 집으로 끌려왔습니다.

두 번째인 서울로의 가출도 실패하였습니다.

세 번째 가출이 그 유명한 소 판 돈 70원을 몰래 훔쳐가지고 출세해 보겠다고 서울로 가출한 것입니다.

네 번째 가출은 청개구리를 보고 가출한 것입니다. 청개구리가 버드나무에 오르려면 30번은 실패해야 한다는 것이었습니다. 정주영은 청개구리를 보면서 결심하였습니다.

'개구리도 성공하는데 나는 사람의 자식이다. 이대로 주저앉을 수는 없다.'

네 번째 가출하여 엿 공장, 쌀 가게 등에서 일하기 시작하여 오늘

날의 현대가 된 것입니다.

2. 빈대 철학

인천항에서 노무자들과 같이 일하며 잘 때 빈대들 때문에 잘 수가 없었습니다. 그래서 생각해 낸 것이 침대 네 다리마다 물을 떠놓고 자는 것이었습니다. 그러나 역시 빈대가 물어서, 빈대들이 어떻게 침대에 오르는가 보았더니, 천장으로 올라가 정주영에게로 낙하하는 것이었습니다.

그 후 정주영은 문제 앞에 포기하는 자들을 향하여 '빈대보다 못한 놈이다' 라는 빈대 철학을 가지게 되었습니다.

3. 쥐 철학

정주영은 쥐가 달걀을 훔쳐 가는 것을 알고 쥐 철학을 가지게 되었습니다. 쥐 두 마리가 가서, 한 마리가 달걀을 쥐고 발랑 누우면, 다른 한 마리가 꼬리를 물고 쥐를 끌고 가는 것을 알고 쥐 철학을 만들었습니다.

"목표 달성을 못하는 이는 쥐새끼보다 못한 놈이다."

이렇게 세 가지 동물 철학을 가지고 오늘날의 현대를 이루었습니다. 이 세 동물의 공통점은 문제 앞에 결코 포기하지 않았다는 것입니다. 끈기가 승리의 길입니다.

유머는 창조의 힘이 있습니다.
창조적인 사람은 유머가 있습니다.

사람들은 남다른 창조적인 능력이 있는 사람을 존경하고 따르게 됩니다.

그렇습니다.

사람들은 아무나 존경하지 않습니다. 존경할 만한 DNA를 가지고 있는 사람을 존경합니다. 사람들은 유머 감각을 가지고 즐겁게 사는 사람을 존경합니다. 유머는 힘을 가지고 있습니다.

1. 유머가 있는 사람은 여유 있는 사람이기 때문입니다.
2. 유머가 있는 사람은 하나가 되게 하는 사람이기 때문입니다.
3. 유머가 있는 사람은 창조적인 아이디어를 줄 수 있기 때문입니다.

그러나 유머라고 다 유머가 아닙니다.

유대인들은 세 가지 유머는 하지 않습니다. 이런 유머는 하지 말아야 합니다. 유대인들은 세 가지 유머만은 결코 하지 않습니다.

1. 성적인 유머
2. 하나님을 모독하는 유머
3. 사람들에게 상처를 주는 유머

이런 유머는 백해무익합니다. 그래서 깨끗한 유머만 해야 합니다.

▋ 유머 명언

"유머 감각이 없는 사람은 스프링 없는 마차와 같다. 길 위의 모든 조약돌마다 삐꺽거린다."〈헨리 와드지쳐〉

"당신이 웃고 있는 한 위궤양은 악화되지 않는다."〈패티우텐〉

"그대의 마음을 웃음과 기쁨으로 감싸라. 그러면 1천 해로움을 막아 주고 생명을 연장시켜 줄 것이다."〈윌리엄 셰익스피어〉

"웃음은 마음의 치료제일 뿐만 아니라 몸의 미용제다. 당신은 웃을 때 가장 아름답다."〈칼 조세프 쿠셀〉

"그대가 웃으면 세상 사람들이 그대와 함께 웃는다. 그러나 그대가 울면 그대만이 울게 된다."〈엘라 휠러 윌콕스〉

"유머는 한 줄기 시원한 여름 소나기처럼 대지와 대기, 그리고 당신을 모르는 사이에 정화시켜 준다."〈랭스턴 휴스〉

"우리는 행복하기 때문에 웃는 것이 아니라 웃기 때문에 행복하다."〈윌리엄 제임스〉

▋ 웃음에 대한 교훈

힘차게 웃으며 하루를 시작하라. 활기 찬 하루가 될 것이다.

세수할 때 거울을 보고 미소를 지어라. 거울 속의 사람도 나에게 미소를 지을 것이다.

밥을 먹을 때 그냥 먹지 말고 웃으며 먹어라. 웃으면서 먹으면 피가 되고 살이 된다.

모르는 사람에게 미소를 지어라. 마음이 열리고 기쁨이 넘친다.

웃으며 출근하고 웃으며 퇴근하라. 그 안에 천국이 있다.

만나는 사람마다 웃어라. 인기 순위 1위가 된다.

꽃을 볼 때 그냥 보지 마라. 꽃처럼 웃으며 감상하라.

남을 웃겨라. 그 곳이 천국이 된다.

결혼식에서 소리만 내지 말고 크게 웃어라. 가장 큰 축하금이다.

신랑 신부는 결혼식장에서 내내 웃어라. 새로운 출발이 멋진 출발이 될 것이다.

집에 들어갈 때 웃어라. 행복한 가정이 된다.

사랑을 고백할 때 웃으면서 고백하라. 틀림없이 점수가 올라갈 것이다.

웃으면서 물건을 팔아라. 하나 살 것을 두 개 살 것이다.

물건을 살 때 웃으면서 사라. 서비스가 달라질 것이다.

돈을 빌릴 때 웃으면서 말하라. 웃는 얼굴에 침을 뱉지 못한다.

옛날 웃었던 일을 회상하고 웃어라. 웃음의 양이 배로 늘어날 것이다.

실수했던 일을 떠올리고 웃어라. 기쁨이 샘솟고 웃음이 절로 날 것이다.

웃기는 책을 그냥 읽지 마라. 웃으면서 읽어라.

도둑이 들어와도 두려워 말고 웃어라. 도둑이 놀라서 도망칠 것이다.

웃기는 개그맨을 보라. 어디서나 환영을 받는다.

웃기는 비디오를 선택하라. 웃음 전문가가 된다.

화날 때 화내는 것은 누구나 한다. 그러나 화낼 때 웃으면 큰 사람이 된다.

우울할 때 웃어라. 우울증도 웃음 앞에는 맥을 못 춘다.
힘들 때 웃어라. 모르던 힘이 솟아난다.
웃는 사진을 걸어 두라. 나도 모르게 즐거워진다.
웃음 노트를 만들어 웃음을 기록하라.
웃음도 학습이다.
시간을 정해 놓고 웃어라. 그리고 시간을 늘려라. 웃음의 사람이 된다.
만나는 사람마다 죽은 부모 만나듯이 대하라. 기쁨과 감사가 넘치게 될 것이다.
속상한 뉴스를 보지 마라. 웃음의 적이다.
오래 살려면 웃어라. 1분 웃으면 이틀을 더 산다.
돈을 벌려면 웃어라. 5분 웃으면 500만 원 엔도르핀이 생긴다.
죽을 때도 웃어라. 천국의 문이 저절로 열린다.

이제 말씀을 줄이려고 합니다.
사람들에게 존경받는 사람은 유머의 DNA가 흐르는 사람입니다. 웃을 줄 알고 웃음을 줄 줄 아는 사람을 사람들은 존경하고 사랑합니다.

제3의 DNA 집착

사람들은 아무나 존경하지 않습니다.

어떤 사람을 존경할까요? 한마디로 존경받을 만한 사람을 존경합니다. 어떤 사람이 존경받을 만합니까?

존경의 DNA를 가지고 있는 사람을 존경합니다. 존경의 DNA가 무엇일까요? 지금까지 두 가지를 말씀드렸습니다.

첫째, 무소유입니다.

둘째, 유머입니다.

이제 존경받는 사람의 세 번째 DNA인 집착에 대해 말씀드리려고 합니다. 존경받는 사람은 집착의 DNA를 가지고 있는 사람입니다.

집착은 무서운 힘입니다.

믿음은 시작하게 하고, 집착은 성취하게 합니다.

집착은 집착의 행동을 하게 만듭니다. 두 가지 이야기를 드립니다.

날씨가 잔뜩 흐린 어느 날 아침이었습니다. 남편이 출근하려는데 아내가 말했습니다.

"여보! 오늘 퇴근하고 돌아올 때 우산 5개만 사오세요. 우리 둘, 아들, 그리고 딸의 것, 마지막 한 개는 여분이에요."

남편은 그렇게 하겠다고 약속하고 집을 나섰습니다.

전철 옆에 남자가 우산을 옆에 두고 신문을 보고 있었습니다. 우산에 집착하여 우산만 생각하던 그는 옆 사람 우산을 집어 들고 내리려고 하였습니다. 옆 사람이 말했습니다.

"여보세요. 내 우산인데요."

그는 미안하여 견딜 수 없는 마음으로 말했습니다.

"미안해요. 우산에 집착하여 착각하였습니다."

돌아오는 길에 우산을 5개 사가지고 전철을 탔습니다. 자리에 앉았는데 우연히도 아침에 옆에 있었던 사람이 또 옆에 앉았습니다. 그는 우산 5개를 들고 있는 그를 보면서 가만히 말했습니다.

"오늘 수입이 좋으시군요."

어느 여인이 배를 타고 바다 구경을 하다가 실수로 수천만 원짜리 진주 목걸이를 빠뜨렸습니다. 그 여인은 항구에 오자마자 바가지를 가지고 바닷물을 푸기 시작하였습니다. 3일 동안 집착하여 열심히 펐습니다. 아주 열심히 펐습니다.

3일 만에 거북이가 나타나서 물었습니다.

"무엇을 하시나요?"

"바닷물 퍼."

"언제까지 푸실 건가요?"

"다 풀 때까지."

이 말을 듣자마자 거북이가 말했습니다.

"그러면 내가 살 집이 없어지네."

그러고는 가서 목걸이를 갖다 주었습니다.

집착하면 집착 행동이 나오게 되어 있습니다.

집착하게 되면 자신도 모르게 나오는 행동을 '집착 행동'이라고 말합니다. 집착하면 다음과 같은 집착 행동을 하게 됩니다.

1. 집착하면 몰두하게 됩니다

집착의 다른 말은 몰두입니다. 집착하는 행동에 몰두하느라고 다른 것들은 잊게 됩니다. 저는 20년 동안 성막에만 몰두하였습니다. 어느 나라에 가든지 성막 책을 구입하였습니다. 아무리 비싸도, 비록 글자를 몰라도 구입하였습니다. 이제 성막 책이 780권이 되었습니다. 집착하면 몰두하게 됩니다.

만년설이 하얗게 덮여 있는 히말라야를 바라보는 마을이 있습니다. 어느 날 프랑스의 처녀가 찾아와서 방을 얻어 살기 시작하였습니다. 예쁘장한 처녀는 아침이면 히말라야로부터 흐르는 냇가에 앉아 물을 물끄러미 쳐다보고, 저녁이면 돌아가곤 하였습니다. 동네 사람들이 무엇을 하고 있느냐고 물으면, 슬그머니 웃기만 하였습니다. 계절이 바뀌어 갑니다. 해가 바뀌어 갑니다.

그러나 그 처녀의 습관적인 행동은 바뀌지 않았습니다. 언제나 한결같았습니다. 이제 얼굴에 주름살이 잡히기 시작했습니다. 늙은 할머니가 되었습니다.

어느 날 시체 하나가 둥둥 떠내려 왔습니다. 그 시체를 건진 할머니는 부둥켜안고 머리끝부터 발끝까지 입을 맞추며 울었습니다.

"이제야 당신이 돌아왔군요. 당신은 나와 약혼하고 히말라야 등산을 떠나 조난을 당하여 눈 속에 파묻혔지요. 시신을 찾을 수 없어서 조난 구조대가 포기하였지요. 그러나 나는 포기하지 않고 당신을 기다리고 있었어요. 눈이 녹으면 언젠가는 당신이 내 곁으로 돌아올 줄 알았어요."

처녀는 몸부림치며 울었습니다.

한국이 낳은 세계적인 발레리나 강수진의 발이 매스컴에 소개된 적이 있습니다. 정말 흉측하게 생겼습니다. 그러나 그 발은 우리나라에서 가장 아름다운 발입니다.

하루 10시간 이상 발끝으로 서는 연습을 하였습니다. 그리고 신발 150켤레를 닳게 하였습니다. 공연을 앞두고 맹연습할 때에는 그의 발이 부르트고, 갈라지고, 물집이 잡힙니다. 그리고 곪아터집니다. 그는 발이 아파서 견딜 수 없는 적이 많았습니다. 그래서 발에 수분을 공급하기 위해 2리터짜리 물병을 들고 다닐 때가 종종 있었습니다.

발레에 집착한 그녀는 그 무엇도 다 포기할 수 있었습니다.

집착하면 늙어가는 것도 모르게 됩니다. 집착하면 그 일에만 몰두하게 됩니다.

저는 몇 년 전에 송기성 목사님이 목회하시는 나성 한인교회에서 부흥회를 인도한 적이 있습니다.

송 목사님으로부터 이런 이야기를 들었습니다. 그 교회에서 가까운 곳에 베리 스쿨(Berry School)이 있습니다.

그 학교를 세운 마사 베리(Martha Berry) 여사에 대한 실화입니다.

베리 여사는 몹시 가난한 여자였습니다. 그러나 하나님께 늘 기도하는 기도 제목이 있었습니다. 자기처럼 가난하여 공부 못하는 아이들을 위하여 어떻게 하든지 학교를 하나 만들어 진정한 교육을 시켜보겠다는 것이 그의 유일한 기도 제목이었습니다. 아무것도 없는 그가 학교를 세운다는 것은 보통 큰 기도 제목이 아니었습니다. 베리 여사는 기도 응답을 분명히 믿고 끈기 있게 기도하였습니다.

베리 여사는 기도 중에 생각나는 것이 있어서 당시 미국에서 제일 거부로 알려진 헨리 포드(Henry Ford, 1863-1947)를 찾아갔습니다. 그리고 사정 이야기를 하며 학교를 세울 돈을 달라고 당돌하게 요청하였습니다.

이 사정을 자세히 듣던 헨리는 10전짜리 다임 하나를 내밀었습니다. 약 80원이었습니다. 우리나라로 말하면 100원짜리 동전 하나였습니다. 거절 의사를 모욕적으로 그렇게 표현한 것입니다. 보통 사람 같으면 그 100원짜리 동전을 내던지고 돌아왔을지도 모릅니다.

그러나 베리 여사는 실망하지 않았습니다. 기도하고 한 행동인데 그런 결과가 나왔다면 하나님의 특별한 뜻이 있으리라 믿었습니다.

기도하고 되는 일에는 하나님의 뜻이 들어 있습니다.

이것이 믿음입니다. 기도하고 왔는데 100원을 준다면 100원짜리에도 하나님의 뜻이 있을 것이라고 해석한 것입니다. 믿음의 사람은 달랐습니다. 베리 여사는 그것을 가지고 와서 씨앗 한 봉지를 샀습니다. 그리고 빈 공터에 뿌렸습니다. 그러고는 잘 가꾸었습니다. 그것을 추수하여 많은 씨앗을 뿌렸습니다.

이렇게 몇 번 반복하였습니다. 해가 지날수록 양이 점점 늘어났습니다. 드디어 건물을 하나 세울 수 있게 되었습니다. 건물 한 동을 세운 후에 베리 여사는 헨리 포드를 찾아가서 말했습니다.

"몇 년 전에 제가 선생님을 찾아와서 불우한 아이들을 위해 학교를 세워 달라고 부탁을 드린 적이 있었습니다. 그때 선생님은 제게 다임 한 개를 던져 주셨습니다. 그 다임으로 이룬 성과를 구경해 주십시오. 정식으로 선생님을 초청합니다."

포드는 자기의 귀를 의심하였습니다.

100원짜리 동전 하나 던져 주었는데 그것으로 건물을 세웠다는 말을 믿을 수가 없었습니다. 그는 믿을 수 없는 일을 직접 확인하려고 그 농장에 세워진 학교에 갔습니다. 드디어 그 건물을 보고 큰 감명을 받았습니다. 그러고는 그 학교를 위하여 100만 달러를 헌금해 주었다고 합니다. 베리 여사는 다임에서 건물을 보고 기도한, 큰 기도의 사람입니다.

베리 여사가 학교에 집착하니까 기어코 학교를 이루고야 말았습니다. 집착하면 몰두하게 됩니다.

2. 집착하면 아이디어가 생깁니다

집착하면 집착하는 일을 할 수 있는 아아디어가 나오게 됩니다.

저는 성막에 집착하니까 성막을 어떻게 공부해야 할지 아이디어가 생겼습니다. 780권의 책을 우선 모두 읽어야 했습니다. 그래서 이런 기도가 필요하였습니다.

"하나님! 영어 책 읽는 것과 한국 책 읽는 것이 같게 하여 주옵소서."

하나님은 하려고 하는 것을 할 수 있게 만들어 주시는 분입니다. 하나님은 그렇게 되게 하여 주셨습니다. 우선 성막 책을 읽고 좋은 책은 출판사를 통하여 저자를 찾았습니다. 100% 찾을 수 있었습니다. 그분과 편지로 교제를 나눕니다. 그리고 때가 되면 그분의 성막 세미나에 찾아갑니다.

그리고 헌금을 합니다. 또 공부하고 더 많은 자료를 구입합니다. 집착하면 아이디어가 생기게 됩니다.

얼마 전에 우리나라에 화제가 된 이야기가 있습니다. 농사꾼이 고등학교 교과서 《진로와 직업》에 최초로 실렸습니다. 충북 음성군에서 고추 농사를 25년간 짓고 있는 이종민 씨 이야기입니다. 컴퓨터 농사를 짓는 것도 아니고 기발한 것도 아닌 평범한 이야기인데, 교과서에 실어 학생들의 귀감으로 삼겠다는 것입니다.

그의 학력은 중학교 한 학기 공부한 것이 전부입니다. 집안이 너무 가난하여 부모님이 학자금을 내는 시기마다 걱정하였습니다. 부모님의 걱정을 덜어 드리려고 일부러 학교를 중퇴하였습니다. 그리고 농사일에 나섰습니다. 그 학력 가지고는 취직이 불가능하기 때문이었습니다. 그는 음성이 이름난 고추 산지라는 사실을 알았습니다. 그래서 고추로 성공해 보자고 결심하였습니다.

우선 그는 도시로 고추를 팔아야 돈을 벌 수 있다고 생각하고 도시에 살고 있는 사람들이 어떤 고추를 좋아하는가를 연구하였습니다. 우리 한국 사람의 70%가 매운 고추보다 달면서도 덜 매운 고추를 좋아한다는 사실을 알아냈습니다. 그는 밤잠을 자지 않고 연구를 하였습니다.

'물을 얼마나 주면 그런 고추가 나올까?'

'물을 몇 시에 몇 번 주면 달고 맵지 않은 고추가 생산될까?'

그는 이렇게도 해 보고 저렇게도 해 보면서 드디어 그런 고추 생산에 성공하였습니다. 피눈물 나는 노력의 결과였습니다. 그리고 고추 빛깔은 검붉은 것이 제일 좋다는 것도 알아냈습니다. 어떻게 하면 그런 고추가 나올지를 계속 연구한 것입니다. 건조법도 개발하였습니다. 자갈을 깔고 비닐하우스를 만들고 그 안에 고추를 말리면 낮에도 밤에도 태양열로 고추를 말릴 수 있음을 알았습니다.

그는 명품 고추를 드디어 만들어 낸 것입니다. 그의 고추를 사겠다는 사람이 일 년에 4만 명 내지 5만 명이 되었습니다. 그는 음성에 고추 전시장을 만들어 찾아오는 사람을 맞이하였습니다. 이제는 고추를 생산만 하면 아무리 비싸도 사겠다는 이가 늘어났습니다. 미처 생산을 다 못할 정도로 날개 돋친 듯이 팔려 나갔습니다. 생산에 비해 요구가 엄청났습니다.

고추 농사에 성공하였습니다. 학력의 장애물, 자본의 문제, 배경이 없어도 어려움을 다 극복하였습니다. 그리고 최선을 다하였습니다. 승리하였습니다.

집착하여 행동하면 집착한 것을 할 수 있는 지혜가 떠오릅니다.

3. 집착하면 힘이 생깁니다

집착하면 집착하는 일을 할 수 있는 힘이 나옵니다. 그 일을 이루고야 말겠다는 집착 때문에 힘이 생기게 되어 있습니다. 누가 뭐라고 해도 흔들리지 않습니다.

성막을 연구하며 힘들 때가 종종 있었습니다.

댈러스 세인트 안토니오 교회의 집회 초청을 받았을 때였습니다. 마침 그 옆에 유명한 대학이 있었습니다. 저는 오직 성막이었기에 도서관에 들어가서 '성막', '성전'을 클릭하였더니, 산더미 같은 책들이 드러났습니다. 저는 온 천하를 다 얻은 것같이 기뻤습니다. 집회를 마치자마자 그 학교로 달려갔습니다. 그리고 도서관장을 만났습니다.

성막, 성전을 연구하고 있는데 이 도서관에서 자료를 찾고 싶다고 요청하였습니다. 공부하겠다는 저를 그는 환영해 주었습니다. 제가 밤늦도록 도서관에 있더라도 불을 끄지 않도록 배려해 주었습니다. 모든 것이 하나님의 은혜였습니다.

저는 성막, 성전 책을 산더미처럼 복사기 옆에 쌓아 놓았습니다. 그리고 필요한 자료를 우선 복사하였습니다. 어느 때는 밤에 혼자였습니다.

귀중한 사진이 발견될 때가 종종 있었습니다. 그때마다 저는 망설이며 고민하였습니다.

'복사할까? 오릴까?'

그러나 단 한 번도 오린 적이 없었습니다. 아무도 없는 그 곳에서 하나님은 보고 계신다는 사실을 생각했기 때문입니다.

• **코피가 흘러요**

그 곳에서 성막론의 쌍둥이인 성전론의 초고를 완성하였습니다. 1994년 3월이었습니다.

그리고 두 달 후 이스라엘에 혼자 들어갔습니다.

성전 연구소 카우퍼를 만났습니다. 그리고 수정을 받았습니다. 검증도 하였습니다. 그리고 가이드와 함께 예루살렘 성을 한 바퀴 돌았습니다.

솔로몬이 쌓은 돌, 헤롯 왕이 쌓은 돌이 달랐습니다. 비잔틴 돌도 구별이 되었습니다. 저 혼자 돌며 다시 확인하고 싶었습니다. 한 바퀴 더 돌고 싶었습니다. 돌았습니다. 그리고 세 번이면 더 확실할 것 같았습니다. 세 번째 돌면서 힘이 들었습니다.

욥바 문 옆 잔디밭에 앉았습니다. 한 사람이 저에게 말했습니다.

"코피가 흘러요."

저도 모르게 손을 댔습니다. 손에 시뻘겋게 피가 묻어 나왔습니다. 저는 피를 닦으며 잔디밭에 머리를 낮추고 다리를 높게 해서 누워 하늘을 보았습니다. 피가 멈추기를 기다렸습니다.

'이렇게 하고 살아야 하나?'

눈물이 핑그르르 돌았습니다.

그러나 하나님은 성막론과 성전론이 이 정도까지 오도록 힘을 주셨습니다. 하나님은 하려고 하는 자에게 할 수 있는 능력을 주십니다.

• 공항 조사

성막 때문에 이스라엘을 드나들면서 가장 어려운 곳은 공항이었습니다. 40대, 50대 남자가 혼자 다니면 밀실로 데리고 갑니다. 그리고 팬티만 남기고 다 벗긴 후 옷을 하나하나 조사한 다음 다시 입게 합니다. 철저합니다. 제가 목사인 것도 알고, 제 얼굴도 압니다. 그래도 그렇습니다.

"당신의 생명을 위해서입니다."

이렇게 말합니다. 사실입니다. 이스라엘 비행기가 폭파되거나 테러를 당한 적이 한 번도 없는 이유가 분명합니다. 참고 순종하는 방법밖에 없습니다. 혼자 다닐 때에는 보통 3시간 조사를 받곤 하였습니다.

성막을 공부하며 가장 힘든 일 중의 하나였습니다.

히틀러가 유대인들 600만 명을 학살할 때 있었던 이야기입니다.

젊고 유능한 외과의사가 아우슈비츠 유대인 수용소에 갇혀 있었습니다. 하루도 빠지지 않고 수천 명씩 가스실과 인체 실험실로 끌려가는 동족들의 죽음의 행렬을 바라보며 살았습니다. 머지않아 자신도 가스실의 제물이 되고 말 것을 알았기에 마음 졸여 하고 있었습니다.

일단 아우슈비츠 수용소에 들어오면 교도관이 이렇게 말합니다.

"너희들이 이 수용소를 나가는 길은 두 가지가 있다. 하나는 죽어서 시체가 되어 나가는 길이다. 다른 하나는 독가스로 죽어 불에 타서 연기가 되어 굴뚝으로 나가는 길이다. 그 외에는 길이 없다. 탈출할 생각은 아예 하지 마라."

그러나 죽일 때까지 끌려 나가 노동으로 시달려야 했습니다. 그는 감방에서 밖으로 작업에 들어갈 때마다 한 것이 있습니다. 흙 속에 몰래 파묻어 둔 날카로운 유리조각을 꺼내 들었습니다. 그리고 시멘트에 갈았습니다. 그것으로 면도를 하며 얼굴을 단정히 하였습니다.

언제 죽을지 모르는 상황에서도 그가 집착하는 것이 하나 있었습니다.

'살아 나가야 한다.'

대단한 집착이었습니다. 동료들은 비웃었습니다.

"언제 죽을지 모르면서 수염을 깎아서 무엇하나?"

그러나 그는 말했습니다.

"하나님이 우리를 구원하리라는 것을 굳게 믿는다네. 단지 조금 늦을 뿐이라네."

그러고는 그는 하루도 빠짐없이 면도를 하고 얼굴을 말끔히 단장하였습니다. 나치 군인들은 면도질로 말끔한, 절망하지 않은 그의 모습을 보고 끌어낼 수가 없었습니다. 죽일 차례를 자꾸만 뒤로 미루었습니다.

드디어 나치가 패망하는 날을 맞았습니다. 그는 그날까지 살아남아 있었습니다. 그가 죽음의 수용소인 아우슈비츠를 떠나던 날, 울면서 나서면서 소중하게 지닌 귀중품이 하나 있었습니다.

'깨진 푸른 유리 한 조각.'

그 외과의사는 후에 스웨덴에서 병원을 개업하여 성공하였습니다. 그는 유월절이 오면 자기가 작사한 노래를 늘 불렀습니다.

하나님의 구원은 결코 늦는 법이 없다네.

다만 우리가 너무 성급할 뿐이라네.

이 사람이 그 유명한 프랭클린입니다.
제가 알고 있는 초등학교 선생님 한 분은 네잎클로버에 집착하였습니다. 무서운 집착이었습니다. 평생 네잎클로버 3만 개를 모아서 기네스북에 기록되는 것이 목표라는 것이었습니다.
주말이면 늘 야외로 나갑니다. 주일이면 늘 들판으로 나가서 삽니다. 오직 '네잎클로버'입니다. 겨울 방학이면 여름이 있는 나라로 갑니다. 그리고 오직 토끼풀이 있는 곳으로 갑니다.
돈보다 네잎클로버가 더 좋습니다.
집착의 힘입니다.

병원에 입원해 있는 아이가 주먹을 쥐고 펴지 않습니다. 누가 어떤 방법으로 펴려고 하여도 실패하였습니다. 도대체 왜 손을 펴지 못하고 주먹만 쥐고 있는지 알 길이 없었습니다.
며칠 후 그 아이는 죽었습니다. 이제 주먹을 펼 수 있었습니다. 모두가 궁금하여 손을 펴 보았습니다. 돌아가신 엄마 사진이었습니다. 엄마가 너무도 보고 싶어 엄마 사진에 그렇게 집착하였던 것입니다. 그 사진을 누가 빼앗아 갈까 두려워 주먹을 결사적으로 쥐고 있었던 것입니다.
집착은 힘입니다.
집착은 집착하는 것을 이룰 수 있는 능력을 줍니다.

4. 집착하면 성취하게 됩니다

집착하면 집착한 일을 성취하게 됩니다. 집착한다는 말은 성취하고야 만다는 말입니다.

저는 성막론 정리를 위하여 심혈을 기울였습니다. 21년 동안 240기 성막 세미나를 마쳤습니다. 36,000명의 목사님들이 공부하면서 질문하신 것에 답한 것들도 큰 재산입니다. 이제는 성막에 관하여는 어떤 질문을 누가 하여도 그 질문이 그 질문 같습니다. 어쩌다가 새로운 질문이 나올 수 있습니다.

집착은 성취입니다.

● **중국 이야기입니다.**

일곱 식구가 가난하지만 농사를 지으며 근근이 살아가는 집안이 있었습니다. 아버지는 그래도 낙천적이라 늘 웃고 살았습니다.

그런데 아버지가 가장 사랑하는 것이 담배 파이프였습니다. 송나라 때부터 내려오는 가보라면서 그 담뱃대를 무척 사랑하였습니다. 조상 때부터 물려받은 것이라고 하였습니다. 굉장히 비싼 것이었습니다. 아무리 어려워도 팔지 않았습니다. 가정의 보물 제1호였습니다.

어느 날 농부 아들이 중국 최고의 대학인 베이징 대학에 합격하였습니다. 아버지는 동네방네 다니며 아들 자랑하고 다녔습니다. 때로는 소리를 지르며 다녔습니다.

"내 아들이 베이징 대학생이 되었습니다."

그러나 등록금이 없었습니다. 등록 마감일이었습니다. 아버지는 두둑한 돈을 가지고 왔습니다. 아들은 그 돈을 받으면서 아버지의 윗호주머니를 보았습니다. 예상대로 담배 파이프가 없었습니다. 아버지는 보물 제1호를 판 것이었습니다. 골동품으로 제법 가격이 되는 물건이었기 때문입니다.

세월이 흘렀습니다.

대학을 졸업한 아들은 원하던 회사에 들어갔습니다. 20년이 흘러 그 회사의 중역이 되었습니다. 이제 아버지는 80세 생일을 앞두고 있었습니다.

80세 생일을 맞은 날 온 가족들이 다 모였습니다. 모두가 생일 선물을 하나하나 준비하여 드렸습니다. 이 아들은 라면 박스만한 상자를 아버지 앞으로 가지고 나왔습니다.

열었습니다. 붉은 포장지로 싼 물건이 나왔습니다. 벗겼습니다. 또 상자가 있었습니다. 상자를 여니 또 상자, 상자를 여니 또 상자……모두 상자 8개가 나왔습니다.

마지막으로 손바닥만한 상자가 나왔습니다. 그 안에는 아버지가 애지중지하던 파이프가 들어 있었습니다. 아버지의 눈가에서 눈물이 주르륵 흘러 내렸습니다.

아들이 말했습니다.

"아버지! 이 파이프를 찾아 15년 동안 전국을 다녔습니다. 골동품점을 이 잡듯이 뒤져 드디어 찾았지요. 80회 생일 선물입니다."

모두가 박수를 치며 울었습니다.

집착하면 성취하게 됩니다. 집착하면 놀라운 일을 해냅니다.
집착은 무서운 힘입니다.

저는 20년 동안 성막에 집착하였습니다. 개 눈에는 무엇만 보인다고 사람들은 집착하는 것만 보이게 됩니다.

그렇습니다. 사람들은 집착하는 사람을 존경합니다. 그 이유가 무엇일까요?

1. 집착하면 몰두하기 때문입니다.
2. 집착하면 아이디어가 생기기 때문입니다.
3. 집착하면 힘이 생기기 때문입니다.
4. 집착하면 성취하게 되기 때문입니다.

이러한 집착의 모델은 예수님입니다.

"새벽 오히려 미명에 예수께서 일어나 나가 한적한 곳으로 가사 거기서 기도하시더니 시몬과 및 그와 함께 있는 자들이 예수의 뒤를 따라가 만나서 가로되 모든 사람이 주를 찾나이다 이르시되 우리가 다른 가까운 마을들로 가자 거기서도 전도하리니 내가 이를 위하여 왔노라 하시고 이에 온 갈릴리에 다니시며 저희 여러 회당에서 전도하시고 또 귀신들을 내어쫓으시더라"(막 1:35-39).

예수님은 오직 전도에 집착하셨기에 전도만 생각하셨습니다. 집착은 사명입니다.

저는 미국에서 걸레 박물관도 보았습니다. 고대 걸레, 현대 걸레, 각국의 걸레들을 모으니까 훌륭한 박물관이 되었습니다. 그는 평생 오직 걸레만 모았습니다. 평생 걸레에만 관심을 가졌습니다.

　모든 돈을 걸레 모으는 데에만 사용하였습니다. 볼거리가 있는 걸레 박물관이 되었습니다. 집착은 창조입니다.

　그렇습니다.

　사람들은 집착하는 사람을 존경합니다. 집착하는 사람만이 무엇인가를 이룰 수 있기 때문입니다. 이런 이야기를 하나 드리고 마치려고 합니다.

　제가 제일 존경하는 목사님 중에 한 분이 있습니다.

　국방대학원 교회를 개척하여 목회하신 김홍태 목사님입니다. 그분은 지금 75세인데, 지금까지 총각입니다. 결혼한 적이 없습니다.

　저는 그분이 목회하시는 교회에서 몇 번 집회를 인도하였습니다. 그래서 그분을 잘 알게 되었습니다. 그러나 조심스러워서 왜 결혼하지 않았는지 물을 수가 없었습니다. 묻기에도 조심스러운 프라이버시이기 때문입니다.

　어느 날 전화가 왔습니다.

　"강 목사님! 이제 70세가 되어 은퇴하게 되었어. 내 생애 마지막 부흥회를 강 목사가 했으면 좋겠어."

　저는 고맙다는 인사를 잊지 않고 집회를 인도하러 갔습니다. 마지막 집회이기에 용기를 내어서 물었습니다.

　"김 목사님! 왜 결혼하지 않고 혼자 사시는 것인가요?"

　목사님은 웃으면서 말씀을 시작하셨습니다.

　6·25 한국전쟁이 일어났습니다. 그때 군대 가기에는 조금 나이가 어렸습니다. 그러나 안 가기에는 성숙한 나이였습니다. 공산당이

그 마을에 들어오더니 이런 청년들을 모두 잡아갔습니다. 이것이 바로 의용군입니다. 총 쏘는 법만 가르쳐서 총을 주어서 앞장서서 싸우게 하였습니다. 동족끼리 싸워야 하는 운명이었습니다.

그때 많은 청년들이 북으로 끌려갔습니다. 그는 총부리를 대고 끌고 가는 공산당 속에서 이런 기도를 드렸습니다.

'하나님! 한번만 살려 주시면 온전히 하나님께 몸 바쳐 일하겠습니다. 이왕 죽은 몸이니까 결혼하지 않겠습니다.'

이렇게 기도하면서 북으로 끌려가던 중 소변이 마려웠습니다. 옆의 총부리를 댄 공산당에게 말했습니다.

"소변을 보고 따라가면 안 되겠습니까?"

공산당이 신경질적으로 대답하였습니다.

"빨리 보고 따라와!"

그래서 대열에서 이탈되었습니다. 일부러 소변을 천천히 보았습니다. 공산당이 소리를 질렀습니다.

"빨리 와!"

"알았어요."

그러면서도 일부러 소변을 천천히 보았습니다. 땅거미가 지고 있는 저녁이었습니다. 그는 대열과 거리가 조금 떨어졌을 때 논두렁 밑으로 달리기 시작하였습니다. 공산당이 총을 쏘아댔습니다. 그러나 따라오지는 않았습니다. 자기들도 지쳐 있었기 때문입니다. 김 목사님은 죽을 힘을 다하여 달렸습니다.

살아났습니다. 그래서 그 서원 기도를 지키느라고 결혼하지 않았다는 것입니다.

저는 물었습니다.

"목사님! 결혼하고 싶은 마음이 없으셨습니까?"

목사님이 대답하셨습니다.

"왜? 나도 건강한 남자인데. 결혼하고 싶은 여자가 두 번 있었지."

그리고 이런 이야기를 들려주었습니다.

주안에서 집회를 인도할 때였습니다. 담임목사님이 말했습니다.

"김 목사! 그런 서원은 깨뜨려도 하나님이 뭐라고 야단치시지 않아. 교회는 여자들이 3분의 2야. 사모가 있어야 목회가 더 잘돼. 우리 교회에 사모가 되겠다고 기도하는 여자가 있어. 얼마나 믿음이 좋고 포근한 여자인지 만나 보면 알아. 설교하면서 그 여자를 잘 보아 둬!"

그래서 설교하면서 그 여자를 보았더니 정말 믿음이 좋고 아름다운 여자였습니다.

부흥회를 마치고 집으로 돌아왔습니다. 새벽에 무릎을 꿇고 엎드려서 주님을 부르면 주님이 안 나타나고 그 여자가 나타났습니다. 그때마다 김 목사님은 한탄하였습니다.

'아니지. 내가 죽음의 문턱에서 끌려가면서 하나님께 결혼하지 않고 온전히 내 몸을 하나님께 드린다고 하였지.'

그리고 그 여자를 잊어버릴 때까지 강대상에 엎드려서 잤습니다. 금식하였습니다. 그리고 그 여자를 잊었습니다. 그렇게 결혼하고 싶은 여자가 두 명 있었다는 것입니다. 제가 물었습니다.

"목사님! 아침 식사는 어떻게 하세요?"

"빵 하나와 커피 한잔 하지."

"점심은요?"

"국방대학원에서 대학원생들과 함께 먹지."

"저녁은요?"

"저녁에는 하루에 한 가정씩 심방을 가지. 일정을 짜서 발표하지."

교회가 크니까 2년에 한 번 목사님을 대접하게 됩니다. 그러니까 저녁마다 진수성찬이라는 것입니다. 김 목사님은 말했습니다.

"우리나라에 나처럼 저녁마다 진수성찬으로 먹는 목사는 나 하나일 걸."

그때 은근히 부러웠습니다.

'나도 결혼하지 말 것을……'

이런 생각이 순간적으로 스쳤습니다.

사무실에 들어갔습니다. 28세에 목회를 시작하면서 써 넣은 벽에 건 족자가 있었습니다.

　　　하나님을 기쁘시게
　　　성도들을 행복하게

저는 그 족자를 보면서 말했습니다.

"목사님! 은퇴하신 후 저 족자를 저에게 주세요."

목사님은 좋아하시면서 물으셨습니다.

"강 목사가 걸어 둘래?"

"네, 저도 목사님을 닮고 싶어요."

그리고 부흥회를 마쳤습니다. 얼마가 지났습니다. 목사님에게서 전화가 왔습니다.

"강 목사! 나 은퇴 예배가 있어."

"축하드려요. 가서 뵙겠습니다."

"족자 가지고 가야지?"

"잊지 않고 계셨군요. 고맙습니다."

"와서 축사하고 가지고 가."

"목사님! 제가 어떻게 어른이 은퇴하시는데 축사를 해요. 꼭 갑니다. 그러나 축사는 안 할랍니다."

"그러면 족자도 안 줘!"

그래서 축사 준비를 해 가지고 갔습니다. 놀라웠습니다. 가서 순서지를 보니 아예 순서지에 "족자 증정 : 김홍태가 강문호에게"라고 인쇄되어 있었습니다.

저는 순서를 맡았기에 강대상에 올라갔습니다.

밑에 별들이 번쩍였습니다. 목사님이 전도하여 장군을 만든 분들이 모여 앉아 있었습니다. 자랑스러웠습니다.

그 족자가 지금도 제 사무실에 걸려 있습니다.

목회에만 집착하셨던 김 목사님을 저는 지극히 존경합니다.

집착하는 사람을 사람들은 존경합니다.

집착은 존경받는 사람의 세 번째 DNA입니다.

제4의 DNA **역발상**

　　존경받는 사람들에게 흐르는 독특한 DNA가 있습니다.
　　그들에게는 역발상의 DNA가 흐르고 있습니다. 역발상으로 사람들을 놀라게 합니다. 어떻게 저런 생각을 하였을까 하고 놀라게 하는, 기발한 역발상의 DNA를 가지고 있습니다.
　　국어큰사전에서 역발상이 무엇인가 찾아보았더니, 이런 단어가 아예 없었습니다. 역발상이라는 말은 새로 만들어진 단어입니다.
　　역발상이란 일반 사람들과 다른 기발한 아이디어를 말합니다.
　　예를 들어 보겠습니다.
　　하와이에 어떤 사람이 밍크 코트점을 개업하였습니다. 하와이는 상하의 나라입니다. 겨울이 없는 곳입니다. 일 년 내내 수영을 할 수 있는 곳입니다. 겨울옷이 필요없는 곳입니다. 그래서 한 사람이 빈정대며 물었습니다.

"정신 나간 것 아니오? 어떻게 여기에 밍크 코트점을 개업합니까?"

그가 말했습니다.

"두고보시오."

그리고 얼마 지났습니다. 성업이었습니다. 그는 하와이를 찾는 사람들의 대부분이 추운 곳에서 온다는 사실을 알아냈습니다. 그래서 더운 곳을 찾는다는 것을 알았습니다. 그래서 밍크 코트점을 개업하여 싸게 팔았습니다. 성업이었습니다.

역발상입니다.

다른 사람은 다릅니다.

저는 그리 오래 살지 않았습니다. 그러나 지금까지 살면서 인생철학을 단 한 문장으로 말하라고 하면 할 말이 있습니다.

"다른 사람은 다르다."

이런 주관적인 진리를 확실히 깨닫게 된 동기가 있습니다. 성철 스님이 세상을 떠났을 때였습니다. 세상이 난리가 난 것처럼 보도되었습니다. 그때마다 사진과 더불어 보도되는 말이 있었습니다.

"산은 산이고 물은 물이로다."

지극히 평범한 말인데 온 세상 사람들에게 알려졌습니다. 그때 새벽 기도를 마치고 집으로 돌아왔습니다. 신문이 문 앞에 떨어져 있었습니다. 성철 스님 사진이 크게 실려 있고, 그 밑에 이 말이 역시 크게 적혀 있었습니다.

저는 그 신문을 가지고 방으로 들어왔습니다.

그리고 깔고 앉아서 하나님께 기도드렸습니다.

"하나님! 스님이 한 말도 이렇게 영향력이 있습니다. 그런데 저는 하나님의 종이지 않습니까? 제가 죽으면 제 사진 밑에 적어 넣을 말씀 한마디만 주옵소서. 스님이 한 말보다 더 마음에 드는 말씀을 주옵소서! 산은 산이고 물은 물이라는 말보다 더 좋은 말씀을 주옵소서."

그때 하나님이 주신 말씀이 바로 이 말씀이었습니다.

"다른 사람은 다르다."

존경받는 사람은 다릅니다. 역발상을 합니다. 기발한 생각을 합니다. 독특한 아이디어를 가지고 있습니다.

다른 사람은 다릅니다.

세계에서 제일 부자인 빌 게이츠가 가장 좋아하는 사람은 괴짜였습니다. 괴짜의 생각은 역발상의 생각을 하기 때문에 괴짜입니다. 남다른 아이디어를 괴짜는 가지고 있기에 빌 게이츠는 역발상의 괴짜들을 좋아하였습니다.

그러면 무엇이, 그리고 어떻게 하는 것이 역발상일까요?

1. 믿음이 역발상입니다

믿음은 바라는 것들의 실상이요 보지 못하는 것들의 증거입니다. 그렇기에 믿음으로 하는 행위는 평범한 사람들이 보면 모두 역발상으로 보입니다.

역발상의 극치는 노아입니다.

지금까지 산꼭대기에 배를 만든 사람은 노아 한 명뿐입니다.

하나님께서 노아에게 앞으로 홍수로 세상을 멸할 터이니 산꼭대기에 배를 만들라고 명령하셨습니다. 바닷가에 배를 만드는 상식을 벗어나 산꼭대기에 방주를 만드는 역발상의 행동을 하기 시작하였습니다. 120년 동안 만들었습니다.

저는 송도 바이블 엑스포에 가서 실제 크기의 방주를 보았습니다. 노아의 8식구가 만들었다고 하기에는 상상이 가지 않았습니다. 120년 동안 비웃음을 당하면서 개의치 않고 꿋꿋이 하나님의 말씀을 믿고 배를 만들었습니다. 온 세상이 물로 덮일 줄을 아무도 몰랐습니다.

드디어 노아의 8식구만 살아났습니다. 다 악하게 살아도 노아만은 의롭게 살았습니다. 다 바닷가에 배를 만들어도 노아는 산꼭대기에 배를 만드는 역발상을 하였습니다.

상식으로 살지 않고 믿음으로 역발상을 한 신앙의 고집이 있었습니다.

믿음이 역발상입니다.

모세도 역발상의 사람입니다.

사막에 물이 없었습니다. 200만 명이 목말라 죽게 되었습니다. 물이 없으면 우물을 파야 합니다. 아니면 오아시스를 찾아야 합니다. 극단의 경우에는 물이 있는 곳에서 물을 길어 와야 합니다. 그러나 모세는 반석을 지팡이로 쳤습니다.

가장 물이 없는 곳이 반석입니다.

역발상입니다.

그러나 물이 나왔다는 사실입니다. 믿음은 역발상입니다.

6·25 한국전쟁 때 물밀듯이 북한에서 피란 나올 때였습니다. 으슥한 산기슭에 공산당들이 진을 치고 대열을 막았습니다. 그리고 한 명 한 명 조사하여 공산당에 반대하는 반동분자들을 죽일 때였습니다. 목사님도 붙잡혔습니다. 목사라고 말하면 100% 그 자리에서 즉결 총살입니다. 한 명 한 명 물으며 별볼일 없는 사람은 남으로 보냈습니다. 드디어 목사님 차례가 되었습니다.

"넌 뭐하던 놈이냐?"

공산당이 거들먹거리며 물었습니다. 순간적으로 하나님께 목사님이 물었습니다.

'하나님이 무어라고 할까요?'

하나님도 순간적으로 대답하셨습니다.

'사실대로 말해라.'

'그러면 죽는데요.'

그때 공산당이 소리를 질렀습니다.

"넌 뭐하던 놈이냐고?"

목사님은 순간적으로 소리를 질렀습니다.

"네, 목삽니다."

그랬더니 공산당이 껄껄 웃으며 말했습니다.

"목수라고? 알았어. 가!"

믿음은 역발상입니다. 그리고 사람들은 역발상을 하는 지혜로운 사람들을 좋아합니다. 그런 이들을 존경합니다.

2. 용기가 역발상입니다

용기 있게 행동하면 다른 사람과 다른 행동이 됩니다. 그리고 평범한 사람들이 보면 역발상의 행동이 됩니다.

멋진 전쟁 영화의 한 장면이 떠오릅니다.

적에게 포위되어 있는 군사들이 있었습니다. 완전히 포위되어 몸부림치다 보니 총알도 다 소모하였습니다. 무기도 없습니다. 총알 없는 총은 짐이 될 뿐이었습니다. 적들은 여유 있게 침범하였습니다. 수류탄을 던졌습니다. 한 병사가 쏜살같이 달려가서 땅에 떨어진 수류탄을 집어 적에게 던졌습니다. 순간적으로 일어난 사건입니다.

적이 몰살당하였습니다.

용기는 역발상입니다. 용기 있게 행동하는 사람을 평범한 사람은 따라할 수 없기에 역발상으로 보이거나 들리는 것입니다.

알렉산더 대왕 이야기입니다.

알렉산더 대왕은 막강한 군사력과 위대한 전략으로 유명하였습니다. 온 세계를 파죽지세로 정복해 나갈 때의 이야기입니다. 알렉산더 대왕이 몇 명 안 되는 적은 군사를 이끌고 거대한 성을 침략하였습니다. 아주 견고한 성이었습니다. 알렉산더는 그 성 앞에서 성 안의 왕을 불러내려고 소리를 질렀습니다.

"이 성과 네 군사를 내게 바쳐라. 싸운 후 피해를 보지 말고 미리 항복하는 것이 좋을 것이다."

성 안의 왕은 큰소리로 웃으면서 말했습니다.

"그렇게 적은 군대로 무슨 싸움을 할 수 있겠느냐?"

그리고 항복을 거부하였습니다. 그러자 알렉산더는 자기와 그의 군대의 힘이 얼마나 강한지를 보여주겠다고 말했습니다. 알렉산더는 군대를 일렬로 세웠습니다. 그리고 명령하였습니다.

"저기 보이는 낭떠러지 꼭대기를 향해 행진!"

알렉산더의 병사들은 낭떠러지 꼭대기로 올라갔습니다. 알렉산더는 다시 명령하였습니다.

"낭떠러지에서 거꾸로 떨어져라."

알렉산더의 군사들은 아무 두려움 없이, 그리고 거침이 없이 한 사람씩 낭떠러지로 거꾸로 몸을 던졌습니다. 열 명이 떨어져 죽었습니다.

10명이 죽은 후 알렉산더 왕은 그만 떨어질 것을 명령하였습니다. 성 안에서 이 모습을 지켜보고 있던 왕과 군사들은 벌벌 떨었습니다. 그리고 이렇게 생각하였습니다.

'저렇게 죽음을 두려워하지 않고 왕의 명령에 따르는 군사들에게는 아무리 강한 요새도 견디지 못할 것이다. 우리는 견디지 못할 것이다.'

그리고 모두가 항복하고 말았습니다.

무조건적인 순종이 살길이었습니다. 이같이 용기는 역발상이 됩니다. 누구도 생각하지 못했던 역발상입니다.

몸이 아파서 병원에 가서 진찰을 받은 사람이 있었습니다.

의사는 불치병이라고 말하며 사형 선고를 내렸습니다. 그는 역발상의 생각을 하였습니다.

'이왕 죽을 것이니 누워서 죽지 말고 여행이나 하다가 죽자.'

그리고 그는 차에 관을 실었습니다. 그 안에는 유서와 돈을 함께 넣었습니다. 유서 내용은 이런 것이었습니다.

"내가 길거리에서 죽은 것을 보거든 이 돈으로 장례를 치러 주십시오. 그리고 나머지 돈은 가지고 가시기 바랍니다."

그리고 역발상의 여행을 떠났습니다.

즐거웠습니다. 엔도르핀이 많이 나왔습니다. 그는 고침을 받았습니다. 역발상의 용기가 그를 살린 것입니다.

삼손의 마지막 용기는 살았을 때보다 더 큰 일을 하게 하였습니다. 삼손은 힘이 센 장수였습니다. 맨손으로 사자를 찢을 수 있을 정도였습니다.

> "삼손이 그 부모와 함께 딤나에 내려가서 딤나의 포도원에 이른즉 어린 사자가 그를 맞아 소리 지르는지라 삼손이 여호와의 신에게 크게 감동되어 손에 아무것도 없어도 그 사자를 염소 새끼를 찢음같이 찢었으나 그는 그 행한 일을 부모에게도 고하지 아니하였고" (삿 14:5-6).

나귀 턱뼈 하나로 블레셋 군대 3,000명을 죽였습니다.

> "삼손이 나귀의 새 턱뼈를 보고 손을 내밀어 취하고 그것으로 일천 명을 죽이고 가로되 나귀의 턱뼈로 한 더미 두 더미를 쌓았음이여 나귀의 턱뼈로 내가 일천 명을 죽였도다"(삿 15:15-16).

삼손이 가사에 있었습니다. 성에서 자고 난 삼손은 성 문짝과 두 설주와 빗장을 빼어 어깨에 메고 헤브론 산까지 간 적이 있습니다(삿 16:3).

이렇게 삼손은 힘이 있었습니다. 그런데 그 힘의 원천은 머리칼에 있었습니다. 나실인의 서원을 하고 머리를 길렀습니다. 그러나 기생 들릴라에게 속아서 머리를 깎이고 말았습니다. 삼손은 두 눈이 뽑히고 말았습니다. 그리고 쇠줄로 묶여 연자 맷돌을 돌리게 되었습니다. 그러나 서서히 삼손의 머리털이 자라기 시작하였습니다.

그러던 어느 날 블레셋 사람들은 자기들의 신인 다곤 신당에 모였습니다. 자기 나라를 그렇게 괴롭히던 삼손을 다곤 신이 잡게 해준 은혜에 감사드리며 즐기려는 모임이었습니다. 사람들은 삼손을 끌어다가 재주를 부리게 하며 승리를 자축하였습니다.

다곤 신당 안에는 사람들이 가득하였습니다. 그리고 지붕에만 3,000명이 모여 있었습니다. 정부 고관들이 모두 모여 있었습니다. 아마도 10,000명 이상이 모여 있었을 것입니다. 사람들은 삼손을 다곤 신당 두 기둥 사이에 세웠습니다. 삼손은 두 기둥 사이에서 이렇게 기도하였습니다.

"주 여호와여, 구하옵나니 나를 생각하옵소서. 하나님이여, 구하옵나니 이번만 나로 강하게 하사 블레셋 사람이 나의 두 눈을 뺀 원수를 단번에 갚게 하옵소서."

삼손은 오른손으로 한쪽 기둥을, 다른 손으로 다른 기둥을 붙들고 속으로 외쳤습니다.

'블레셋 사람과 함께 죽기를 원하노라.'

삼손은 있는 힘을 다하여 기둥을 넘어뜨렸습니다. 다 죽고 말았습니다. 성경은 이렇게 말해 주고 있습니다.

> "삼손이 죽을 때에 죽인 자가 살았을 때에 죽인 자보다 더욱 많 았더라"(삿 16:30).

삼손은 죽을 때 가장 큰 능력을 발휘하였습니다. 거대한 건물을 혼자서 무너뜨리는 강한 능력을 발휘하였습니다. 살아서도 적들을 많이 죽였지만 죽을 때 가장 많은 적들을 죽였습니다.

역발상의 힘입니다. 용기는 역발상이 근거가 됩니다. 사람들은 역발상의 사람을 존경합니다.

중국과 로마는 동시대에 번성하였습니다.

그러나 두 나라는 전혀 발상이 달랐습니다. 중국은 평범한 발상이었고, 로마는 역발상이었습니다.

중국은 외적이 침범하면 막으려고 만리장성을 쌓았습니다. 그러나 만리장성을 쌓고 안전한 것이 아니었습니다. 3번 외적의 침범이 있었습니다. 3번 다 나라가 망하였습니다. 한 번도 성이 무너진 적이 없었습니다.

문지기에게 돈을 주고 열린 문으로 들어가 망하였습니다. 만리장성이 나라를 지켜주지 못하였습니다.

그러나 로마는 달랐습니다.

최근 베스트셀러인 시오노 나나미의 《로마인 이야기》라는 책을 읽어 보면 이런 질문이 나옵니다.

> 어떻게 로마가 1,000년 넘게 제국을 유지할 수 있었는가? 강한 군사력 때문인가? 그렇지 않다. 만일 군사력 때문이라면 1,000년 동안 강한 군사력을 유지할 수 없다. 제도 때문인가? 그렇지 않다. 아무리 탁월한 군사력이라 할지라도 100년, 200년이면 시들고 만다. 그러면 무엇 때문인가?
> 바로 길 때문이다. 모든 길은 로마로 통하게 길을 만들었다. 모든 길을 로마로 통하게 하니 로마가 핵심이 된 것이다.

길로 침범을 당할 수 있습니다. 그러나 소극적인 발상보다는 적극적인 발상을 하였습니다. 쳐들어올 것을 생각하지 않고 쳐들어갈 것을 구상하였습니다.

당시 온 유럽을 로마가 지배하여 길은 더욱 길어졌습니다. 그래서 "모든 길은 로마로 통한다"는 말이 나오게 되었습니다.

역발상을 해야 큰일을 할 수 있습니다.

3. 지혜가 역발상입니다

지혜에서 역발상이 나오게 되어 있습니다. 지혜로운 사람만 다른 사람과 다른 생각을 할 수 있습니다.

지혜는 역발상의 저수지입니다.

솔로몬이 일천 번제를 드리고 난 후에 일어난 사건입니다.

하나님은 솔로몬에게 지혜를 주셨습니다. 그 후 제일 먼저 일어난 일을 성경은 소개하고 있습니다.

두 창녀가 한 집에 살고 있었습니다. 공교롭게도 같은 날 아이를 낳았습니다. 같이 해산한 후 3일째 되는 날이었습니다. 아침에 일어나 보니, 한 창녀가 간밤에 자다가 자기 아이를 깔아 죽였습니다. 잠버릇이 고약하였던 모양입니다.

그 창녀는 다른 창녀의 산 아이와 바꾸어 놓았습니다. 다른 창녀가 깨어 보니 분명히 자기 아이가 아니었습니다. 산 아이를 두고 서로 자기 아이라고 싸우다가 결국은 솔로몬이 재판을 하게 되었습니다.

솔로몬이 말했습니다.

"산 아들을 둘로 나눠 반은 이에게 주고, 반은 저에게 주라."

산 아들의 어머니가 말했습니다.

"청컨대 내 주여, 산 아들을 저에게 주시고 아무쪼록 죽이지 마옵소서."

아이를 죽인 창녀가 말했습니다.

"내 것도 되게 말고 네 것도 되게 말고 나누게 하라."

솔로몬이 판결을 내렸습니다.

"산 아들을 저 계집에게 주고 결코 죽이지 마라. 저가 그 어미니라."

솔로몬은 전도서에서 이렇게 말하고 있습니다(전 7:12).

"지혜의 그늘에서 사는 것이 돈의 그늘에서 사는 것이다. 사람은 지혜가 있어야 틀림이 없다. 인생의 길을 깨친 사람이라야 이런 이득을 본다."

그래서 유대인들은 늘 지혜를 구합니다. 몸을 흔들면서 토라를 읽으며 지혜의 근본인 하나님께 매달립니다.

그들은 우렁차게 외치고 있습니다.

"생각의 동맥 경화를 뚫어라."

이것이 지혜입니다. 그러면 모든 것이 풀린다는 것입니다. 유대인들의 지혜가 들어 있는 몇 가지 이야기를 드려 봅니다.

• 1억 가방

정직하지만 가난한 남자가 회당에 갔습니다. 들어가려다가 가방을 주웠습니다. 열어보니 1억 원이 들어 있었습니다. 순간적으로 양식 걱정하는 아내, 옷 사달라는 딸, 등록금 달라는 아들 생각이 났습니다. 빨리 가지고 집으로 돌아와 숨겨 놓고 다시 회당으로 갔습니다. 예배 중에 랍비가 말했습니다.

"여러분 중에 혹시 돈이 들어 있는 가방을 주워 보관하고 있는 사람은 주인을 찾아 주시면 후사하겠답니다."

이 말을 듣고 양심의 가책을 느꼈습니다. 그래서 도로 갖다 주었습니다. 그러나 가방을 찾은 사람은 보상금을 주지 않는 것이었습니다. 2억이 들어 있었는데, 1억만 가지고 오고 1억을 미리 가졌다는 것이 보상을 거절하는 이유였습니다. 찾아 주고 도둑으로 몰리는 것이 억울하여 랍비에게 재판을 요청하였습니다.

랍비는 두 사람을 불러 이야기를 다 들어 보았습니다. 무슨 일이 생겼는지 랍비는 알 수 있었습니다. 그래서 두 사람을 양쪽에 앉혀 놓고 물었습니다.

"당신은 분명히 2억 들어 있는 가방을 잃어버렸나요?"

"네, 분명합니다. 그런데 저 사람이 1억을 미리 가졌습니다. 그러니 보상할 필요가 없습니다."

"네, 그렇군요. 나는 당신이 2억 들어 있는 가방을 잃어버렸음을 인정합니다."

다른 사람에게 물었습니다.

"당신은 1억 들어 있는 가방을 주웠습니까?"

"예, 분명합니다. 나는 한 푼도 떼지 않았습니다. 1억 들어 있는 가방 그대로입니다."

"나는 당신도 믿습니다."

이렇게 말한 후 랍비는 결론을 내렸습니다.

"이제 판결하겠습니다. 당신이 주운 1억 가방은 저 사람이 잃은 2억 가방이 아닙니다. 주인이 나타날 때까지 사용하여도 좋습니다."

• 의사가 뛰라고 했습니다

히틀러가 유대인들을 학살할 때 수많은 유대인들이 소련으로 도망을 쳤습니다. 소련에는 영주권을 가지고 살고 있는 유대인이 많았습니다. 히틀러는 도망간 유대인을 잡아 넘길 때마다 많은 돈을 주었습니다. 소련 경찰들은 돈벌이가 생겼습니다. 그래서 유대인들만 보면 영주권 조사를 하였습니다.

유대인 두 명이 지나가는 것을 본 경찰은 영주권 조사를 하려고 따라갔습니다. 한 명은 영주권을 가지고 있었고, 다른 한 유대인은 영주권이 없었습니다. 영주권 없는 유대인이 하나님께 기도를 하였습니다. 살 수 있는 지혜를 달라고 기도한 것입니다. 지혜가 떠올랐습니다. 그는 영주권이 있는 유대인의 옆구리를 찌르며 말했습니다.

"네가 도망쳐라."

그 유대인은 이유도 모르고 도망치기 시작하였습니다. 경찰은 생각하였습니다.

"저놈이 영주권이 없구나."

뛰었습니다. 그 유대인은 한참을 뛰었습니다. 이만하면 영주권 없는 유대인 친구가 안전하다고 생각하는 곳에 섰습니다.

"너 영주권 없지?"

경찰이 물었습니다.

"있어요."

"어디 봐."

그는 영주권을 보여주었습니다. 있었습니다. 경찰이 이상하여 물었습니다.

"그런데 왜 도망쳤어?"

유대인이 말했습니다.

"의사가 나에게 약 먹고 뛰라고 했어요."

"아무리 그래도 내가 따라가는 것을 보았으면 서야지?"

유대인이 말했습니다.

"나는 의사 선생님이 경찰님에게도 약 먹고 뛰라고 했는 줄 알았어요."

• 가불

안식일은 다가오는데 허셀 오스트로폴리에르는 안식일 빵과 물고기와 닭을 살 돈이 한 푼도 없었기 때문에 의기소침해 있었습니다. 그래서 그는 공동 사회의 재정 담당관에게 가서 크게 소리쳤습니다.

"유대인들이여! 끔찍한 불행이 나에게 닥쳤습니다. 나의 아내가 방금 죽었습니다! 그런데 정말이지, 내가 어디서 그녀를 위하여 수의

와 관을 살 돈을 구하겠습니까?"

공동 사회의 원로들은 그가 당한 불행을 가엾게 여겨서 10루블을 주었습니다. 그런 뒤 얼마 있다가 그들이 그 착한 여인의 명복을 빌어 주기 위하여 허셀의 집에 가보았습니다. 놀랍게도 그의 아내가 살아 있을 뿐만 아니라, 맛있는 닭고기 요리를 걸신 들린 듯 먹고 있는 것이었습니다. 그들은 고함을 질렀습니다.

"이 거짓말쟁이야! 이 사기꾼아! 우리의 동정심을 이용하여 10루블을 사기 쳐! 그게 잘한 짓인가?"

허셀은 그들을 진정시키며 말했습니다.

"흥분하지 마십시오! 그게 무슨 상관 있습니까? 저는 단지 당신들에게서 가불을 받았을 따름입니다. 나중에 당신들은 위로금을 내지 않아도 됩니다!"

• 사형 제비뽑기

로마가 이스라엘을 지배할 때 일어난 사건입니다. 로마인 한 명이 살해되었습니다. 범인을 잡을 수가 없었습니다. 로마인은 아무 남자나 한 명 잡아 사형시켜야 질서가 생긴다고 여겼습니다. 그래서 한 남자를 잡아 사형시키려고 하면서 말했습니다.

"너는 하나님을 믿는다. 네가 믿는 하나님이 너를 살려 주는가를 시험해 보고 싶다. 이 항아리에는 제비 둘이 들어 있다. 하나는 '사형'이고, 다른 하나는 '사형 면제'다. 자! 뽑아라. 제비 뽑히는 대로 한다."

그런데 사실은 두 제비 다 사형이었습니다. 장난하는 것이었습니다. 지혜로운 유대인은 이런 사실을 뻔히 알았습니다. 그는 하나님께 살 수 있는 지혜를 달라고 기도하였습니다. 하나님이 지혜를 주셨습니다.

그는 빨리 한 장을 집어 입에 넣고 씹어 먹어 버렸습니다. 로마인이 놀라 물었습니다.

"그것을 먹으면 어떻게 알아?"

유대인이 말했습니다.

"간단합니다. 저 항아리 속에 무엇이 들어 있는지 보면 내가 집은 것이 무엇인지를 알 수 있습니다."

그리하여 유대인은 살아났습니다.

유대인들의 힘은 지혜입니다. 그래서 천재가 제일 많은 민족이 되었습니다. 유대인들은 말하고 있습니다.

"지혜가 없는 사람에게 운명의 여신은 미소를 주지 않는다."

지혜에서 역발상이 나오게 되어 있습니다. 존경받는 사람들이 존경을 받는 이유가 있습니다. 역발상의 지혜가 넘치기 때문입니다.

4. 하나님이 주신 정보가 역발상입니다

남다른 생각, 남다른 아이디어, 남다른 재치는 역발상에서 나옵니다. 그런데 가장 정확한 역발상의 근원지는 하나님이십니다. 하나님이 주시는 정보는 사람들의 정보가 아니기에 사람들이 보면 역발상으로 볼 수밖에 없습니다.

미국 전쟁이 한창일 때였습니다.

멤브란트 장군의 군대가 적들에게 완전히 포위되었습니다. 이제 모두가 사살되거나 포로가 될 위기였습니다. 멤브란트 장군은 하나님께 간절히 기도하였습니다.

"하나님! 우리는 끝난 것입니까? 우리는 모두가 죽거나 포로가 되는 것입니까?"

이때 마음속에 벼락 치는 듯한 음성이 들려왔습니다.

'사방 포위는 사방 공격의 절호의 기회다.'

이런 음성을 들은 장군은 자기가 엎드려 기도하던 바위 위에 서서 당당하게 외쳤습니다.

"여러 병사들이여! 우리는 지금 사방으로 포위되었습니다. 그러나 하나님께 기도하였더니 사방으로 포위된 것이 아니라 사방으로 공격할 수 있는 제일 좋은 기회라는 것입니다. 이왕 죽을 것 아무 곳이나 있는 힘을 다하여 공격합시다."

이 말을 들은 병사들은 용기가 났습니다. 병사들은 모두 힘을 합하여 아무 곳으로나 공격을 하였습니다. 가릴 필요가 없습니다. 이들은 포기하였다가 생명을 걸고 싸웠습니다. 하나가 되었습니다. 마지막 기회였기 때문입니다. 모든 무기를 다 사용하였습니다. 있는 힘을 다 썼습니다. 한마디로 생명을 걸었습니다. 가장 약한 부분이 뚫렸습니다. 그리하여 모두가 살아났습니다.

이 후부터 전법이 하나 생겼습니다.

"사방 포위는 사방 공격의 절호의 기회다."

이것이 역발상의 근거입니다.

저는 언양장로교회 집회를 인도하면서 귀한 장로님 한 분을 만났습니다.

김춘업 장로님입니다. 부흥회 내내 맨 앞자리에 앉아서 은혜를 사모하였기에 인상 깊었습니다. 그러나 더 인상 깊었던 것은 장로님이 장님이라는 사실이었습니다.

큰 교회였습니다. 저는 장로님에게 물었습니다.

"장로님! 장로님으로 일하시다가 장님이 되셨습니까? 아니면 장님인데 장로님이 되셨습니까?"

장로님이 대답하셨습니다.

"장님인데 장로가 되었습니다."

저는 사연을 물었습니다. 장로님의 이야기는 이런 것이었습니다. 건축업을 하고 있는 분입니다. 31세 때였습니다. 어느 분이 큰 건물을 지어 달라고 하였습니다. 다 지은 후에 대금을 지불하게 되어 있었습니다. 다 지었습니다. 그런데 건물 주인이 이리저리 도망을 다니기 시작하였습니다. 몇 달만 돈을 주지 않으면 이자가 엄청나게 큰 금액이었습니다.

돈을 받아야 할 사람들이 아우성이었습니다. 당연한 것이었습니다. 돈 달라고 아우성치는 사람들에게 심하게 시달렸습니다.

어느 날 아침 눈을 떴을 때 그는 소스라치게 놀랐습니다. 앞이 보이지 않았습니다. 눈이 멀어 버린 것입니다.

"하나님! 이제 나는 어떻게 살아요?"

하나님께 하소연하였습니다. 하나님은 아내를 앞장세워 건축업을 하라고 하셨습니다. 그는 이런 하나님의 음성을 듣고 새벽 기도를 했습니다. 새벽 3시면 일어나서 교회로 가서 기도하기 시작하였습니다. 기도 중에 생기는 아이디어를 정리하여 아내와 함께 건축업을 하였습니다. 그 교회에서 가장 큰 부자가 되었습니다. 1년에 가장 적게 헌금을 할 때가 1억 원이라는 것입니다. 그리고 목사님에게 말합니다.

"목사님! 1,000만 원 정도 일은 교인들에게 광고하지 마시고 저에게 말해 주세요. 제가 감당하겠습니다."

그리고 그가 가장 잘하는 것이 전도입니다. 언양에 문제되는 사람이 있으면 데려다 달라고 말합니다. 그리고 기어코 전도하여 교회로 데리고 온다는 것입니다.

기도 일등입니다.

헌금 일등입니다.

봉사 일등입니다.

전도 일등입니다.

그래서 온 교인들이 하나가 되어 장로로 추천하여 만장일치로 장로가 되었다는 것입니다.

역발상의 장로님입니다.

사람들은 역발상의 DNA가 흐르고 있는 사람들을 존경합니다.

지구상에서 가장 작은 땅덩어리를 가진 나라가 이스라엘입니다.

우리나라 강원도 땅 정도밖에 되지 않습니다. 그러나 이들은 온 세계를 지배할 역발상의 꿈을 가졌습니다.

그러나 이들은 하나님이 주신 정보를 그대로 믿고 있습니다. 하나님께서 출애굽기 19장 5-6절에서 이렇게 말씀하셨습니다.

"세계가 다 내게 속하였나니 너희가 내 말을 잘 듣고 내 언약을 지키면 너희는 열국 중에서 내 소유가 되겠고 너희가 내게 대하여 제사장 나라가 되며 거룩한 백성이 되리라 너는 이 말을 이스라엘 자손에게 고할지니라"(출 19:5-6).

이들은 제사장 나라가 될 것을 믿고 있습니다. 그래서 온 세계를 지배할 계획을 세운 책이 있습니다. 《시온 장로들의 의식들》이라는 책입니다.

이 책은 스페인에 살고 있는 유대인이 쓴 책입니다. 그러나 화제가 된 것은 러시아였습니다. 1840년 클라코우 시에서 유대인들은 세계 지배를 토의하기 위해서 비밀회의를 가졌다고 들었습니다.

"유대인으로 300명의 왕을 비밀리에 세우면 온 세계를 지배할 수 있다. 그러면 온 세계는 평화로워질 것이다."

1933년 마드리드와 스페인에서 이 내용이 공개되고 알려졌습니다. 로마에서도 공개되었습니다. 베오그라드, 부쿠레슈티, 부다페스트, 비엔나, 프라하, 라이프치히, 베를린, 바르샤바에서 1920년, 1923년, 1930년, 1934년에 인쇄되어 퍼져 나갔습니다.

런던에서는 1920년과 1921년에 《시온 장로들의 의식들》이 날개 돋친 듯이 팔려 나갔습니다. 온 세계에 이 책을 공개해야 한다고 판단했기 때문입니다. 오슬로, 스톡홀름, 상트페테르부르크, 모스크바에서도 1911년, 1917년에 공개되었습니다. 온 유럽에 이 책이 출판, 배포되었습니다.

놀라운 일입니다. 공개되는 곳에서마다 유대인들을 죽이기 시작하였습니다. 그래서 600만 학살에 불을 질렀습니다. 지구상에서 가장 사람을 많이 죽인 책이 되었습니다.

유대인들의 역발상 때문이었습니다.

하나님이 주신 정보는 최고의 정보입니다. 그렇기에 기발한 역발상이 됩니다. 그렇기에 하나님이 주신 정보로 역발상의 행동을 하는 DNA를 가진 사람을 사람들은 존경합니다.

저도 역발상으로 좋은 결과를 보고 있습니다.
강남이 한창 개발되어 강북에서 바람이 일어났습니다.
'강남으로, 강남으로.'
수많은 교회들이 강남으로 이전하였습니다. 그러나 서울에 있는 교회 중에서 우리 교회 하나만 역발상을 하였습니다.
'강남에서 강북으로.'
강남에서 강북으로 와서 보니 놀라운 사실을 발견하게 되었습니다. 강남에 있는 아파트는 뒤에서 한강을 봅니다. 서서 보아야 합니다.
그러나 강북에서 강남을 보면 정남으로 보기에 경치도 좋고 한강을 즐길 수 있습니다. 앉아서 보게 됩니다. 서울에서 한강변에 있는 교회는 우리 교회 하나뿐입니다. 한강의 경치를 마음껏 즐기며 누리고 있습니다.
하나님이 주신 기회입니다. 하나님이 주신 역발상이 가장 놀라운 역발상입니다.

그렇습니다.
① 믿음이 역발상입니다.
② 용기가 역발상입니다.
③ 지혜가 역발상입니다.

④ 하나님이 주신 정보가 역발상입니다.

역발상에 대해 두 가지 이야기를 드리고 마치려고 합니다.
제2차 세계대전 초기였습니다.
영국 처칠 수상이 미국에 원조를 구하기 위하여 루스벨트 대통령을 찾아갔습니다. 숙소에서 샤워를 하고 알몸에 수건을 두르고 있었습니다. 그때 루스벨트 대통령이 불쑥 나타났습니다. 몸을 일으키는 순간 몸에 두르고 있던 수건이 흘러 내렸습니다. 알몸이 되었습니다. 정장을 한 대통령과 알몸의 수상이 대조적이었습니다.
그때 처칠은 빙그레 웃으면서 말했습니다.
"보시다시피 우리 영국 수상은 미국 대통령 각하에게 조금도 숨기는 것이 없습니다."
역발상은 사람들을 감동시킵니다.

가락동에 50명 정도 출석하는 교회에서 생긴 이야기입니다.
그 교인 중에 가난한 여자 집사님의 이야기입니다. 남편은 8년 전에 교통사고가 나서 반신불수가 되었습니다. 꼼짝 못하고 누워서 살아야 했습니다. 밥도 먹여 주어야 했습니다. 기저귀를 갈아 주어야 했습니다. 어린아이를 기르는 것보다 더 어려웠습니다. 아내는 가락시장에 가서 배추 시래기를 주워서 삶아서 팔아 근근이 생활을 이어갔습니다.
어느 날 교회에서 설교 시간에 목사님이 이렇게 말씀하셨습니다.
"우리 교회가 아직 피아노가 없습니다. 피아노 한 대를 사기 위하여 은행 계좌를 하나 만들어 놓았습니다. 푼푼이 모아서 피아노를 사려고 합니다. 돈이 생기는 대로 모아 주시기 바랍니다. 언제 피아노를 사게 될지는 모르지만 하나님께서 허락하실 때 피아노를 구입하겠습니다."

모든 교인들이 한푼 두푼 통장에 넣기 시작하였습니다. 배추 장수 집사님도 하루에 1,000원, 2,000원씩 넣었습니다. 장사가 안 되는 날에는 200원을 넣은 날도 있었습니다.

그러던 어느 날 교회에서 부흥회가 시작되었습니다. 강사님의 식사를 대접할 사람이 없었습니다. 그런데 가난한 이 집사님이 강사님을 대접하겠다고 신청하였습니다. 목사님은 난감하였습니다. 사실 그 집에는 멸치 8마리밖에 없었습니다.

강사를 모시고 그 집으로 갔습니다.

국수를 끓이고 강사님의 국수에는 멸치 5마리, 목사님의 국수에는 멸치 3마리를 올려놓았습니다. 강사님은 감격하여 축복 기도를 울면서 하였습니다.

그리고 며칠 지났습니다. 장사가 잘되었습니다. 몇만 원을 벌었습니다. 처음으로 피아노 헌금을 10,000원 하였습니다. 써야 할 때 다 쓰고 나니 1,000원이 남았습니다. 그는 1,000원으로 무엇을 할까 하다가 복권을 한 장 샀습니다.

그리고 그날 수요일 저녁에 목사님에게 말했습니다.

"목사님! 오늘 돈 1,000원이 남아서 복권을 하나 샀습니다. 복권에 당첨되면 그랜드 피아노 한 대 사세요. 그리고 나서 또 돈이 남으면 교회도 새롭게 이사 가요."

목사님은 이상한 사람이라고 여기면서 복권 한 장을 책상 서랍 속에 던져 놓았습니다. 며칠이 지났습니다. 역시 수요일이었습니다. 집사님이 시장에서 입고 있던 냄새 나는 옷을 입은 그대로 헐레벌떡 달려왔습니다. 그리고 말했습니다.

"목사님! 그 복권 좀 보세요."

집사님은 복권 번호를 적어 놓았었습니다. 당첨이었습니다. 수억이었습니다. 그래서 그랜드 피아노를 사고 교회도 더 넓은 곳으로 이전하였습니다. 자기 집도 지하실에서 지상의 집으로 옮길 수 있었습니다.

하나님께 충성한 보상이었습니다. 또 어렵더라도 강사 대접을 하려 했던 역발상에 대한 축복이었습니다.

사람들은 역발상의 DNA가 흐르는 기발한 사람들을 존경합니다. 존경받는 사람들에게는 역발상의 DNA가 흐르고 있습니다.

제5의 DNA 말

존경받는 사람들에게 흐르는 DNA가 있습니다.

그들의 말은 언제나 상대방에게 편안함을 줍니다. 아늑함을 줍니다. 지혜가 들어 있는 것을 느끼게 합니다.

온순합니다. 그러나 힘이 있습니다. 감화력이 있습니다.

그래서 솔로몬은 말했습니다.

"경우에 합당한 말은 아로새긴 은쟁반에 금사과니라"(잠 25:11).

존경받는 사람들은 '말 잘하는 사람'이 아니라 '잘 말하는 사람'입니다. 존경받는 사람의 피 속에는 잘 말하는 DNA가 흐르고 있습니다.

한마디 말을 잘못하면 한을 심어 줄 수 있습니다.

저는 1492년 미국 대륙을 발견한 콜럼버스를 아주 좋은 모험의 사람으로 알고 있었습니다.

콜럼버스는 1506년 5월 20일 55세의 나이로 세상을 떠났습니다. 콜럼버스가 죽은 지 꼭 500년이 되는 해, 스페인에서는 각종 행사가 벌어졌습니다. 그런데 지난 7월 14일 콜럼버스에 대한 문서가 스페인 북부 바야돌리드 지역의 시만카스 국립문서보관소에서 발견되었습니다. 23가지 증언이 들어 있는 문서입니다. 저는 그 보도를 접하고 깜짝 놀랐습니다.

예를 들면, 이런 기사가 있습니다.

어떤 여자가 콜럼버스에게 모욕적인 말을 하였습니다.

"하류 계급 아들이다."

이 말 한마디가 모욕스럽다고, 그런 말을 한 여자의 혀를 잘랐습니다. 그러고는 발가벗겨서 당나귀에 태웠습니다. 그리고 길거리를 돌았습니다. 그러고도 성이 차지 않아서 잔혹한 고문을 가하였습니다.

그리고 원주민들을 재판 없이 처벌하였습니다. 식민지 개척자들에게 물자를 공급하지도 않았습니다. 원주민들을 노예로 부리려고 세례도 허용하지 않았습니다. 당시 산티아고 섬이라고 불렸던 지역은 콜럼버스 원정대의 본거지였습니다. 콜럼버스가 정복한 후 이 지역에서는 수십 년간 1,200-2,000만 명에 이르는 원주민들이 살해되었습니다. 그리고 수많은 사람들이 스페인 사람들이 전파한 질병에 희생되어 죽었습니다.

자존심 상하는 말 한마디를 들었다고 그렇게 잔인하였습니다. 말한마디는 이렇게 중요합니다.

말에는 다음과 같은 능력이 있습니다.

1. 말에는 성취력이 있습니다

"말이 씨가 된다"는 속담이 있습니다. 말은 씨가 되어 열매가 됩니다. 성취력이 있습니다. 그렇기에 항상 긍정적인 말을 해야 합니다. 긍정적인 말을 하는 DNA가 흐르는 사람을 사람들은 존경합니다.

엘가나라는 이가 있었습니다. 사무엘상 1장 1절에 "그는 여로함의 아들이요 엘리후의 손자요 도후의 증손이요 숩의 현손이더라"고 말하고 있습니다.

조상을 떳떳하게 소개한 것은 족보가 좋은 집안이라는 의미입니다. 그런 집안에서 한나라는 여자를 아내로 맞았습니다. 고르고 골랐으니 한나는 수준이 있는 여자였습니다. 그런데 한나에게는 한이 있었습니다.

아이를 낳지 못하는 것이었습니다. 엘가나가 작은 마누라를 얻었는데, 아들을 10명이나 낳은 것을 보면 한나의 몸에 결함이 있었던 것이 틀림없습니다.

흔히 그런 것처럼 한 가지 문제는 다른 문제를 야기하는 법입니다. 아들 10명을 낳은 브닌나는 아들을 하나도 낳지 못한 한나를 무시하기 시작했습니다. 역사는 반복되는 것입니다. 아브라함의 아내 사라가 아들을 못 낳자 하갈을 첩으로 넣어 주었는데, 첩 하갈이 아들을 낳자 사라를 무시한 것과 똑같습니다.

약 18년이란 긴 세월 동안 브닌나는 한나를 몹시 괴롭혔습니다. 무척 무시하였습니다. 한나의 마음을 격동시킬 때가 부지기수였습니다.

> "한나가 마음이 괴로워서 여호와께 기도하고 통곡하며 돌아보시고 나를 생각하시고 주의 여종을 잊지 아니하사 아들을 주시면 내가 그의 평생에 그를 여호와께 드리고 삭도를 그 머리에 대지 아니하겠나이다"(삼상 1:10-11).

얼마나 열심히 기도했던지 술 취한 것처럼 보였습니다. 엘리 제사장이 보고는 여자가 술 마시고 기도한다고 야단을 쳤습니다. 한나는 술 마시고 취하여 기도하는 것이 아니라, 슬픈 여자라 너무 격분하여 그렇게 기도한 것이라고 해명하였습니다. 엘리 제사장은 말했습니다.

> "평안히 가라 이스라엘의 하나님이 너의 기도하여 구한 것을 허락하시기를 원하노라"(삼상 1:17).

응답을 받은 한나는 이렇게 대답하였습니다.
"당신의 여종이 당신께 은혜 입기를 원하나이다."
그리고 다시는 의심하지 않았습니다. 근심하지도 않았습니다. 얼굴에 다시는 수색이 없었습니다(삼상 1:18). '평안히 가라'는 말부터 성취가 나타나기 시작한 것입니다.
말에는 성취력이 있습니다. 말부터 일이 시작됩니다.

아브라함에게 하나님께서 100살에 낳은 아들 이삭을 번제로 드리라고 명령하셨습니다. 성경에 있는 제사 중에 가장 비참한 제사가 번제입니다. 양은 6토막, 소는 12토막을 내야 합니다. 아브라함은 이삭을 데리고 모리아 산으로 갔습니다. 3일 길이었습니다. 두 사환도 같이 갔습니다. 산 밑에서 아브라함이 사환들에게 말했습니다.

"너는 나귀와 함께 여기서 기다려라. 내가 아이와 함께 저기 가서 경배하고 너희에게로 돌아오리라."

원어를 보면 '함께'라는 말이 돌아온다는 말에 연결되어 있습니다. 이삭을 죽이러 가면서 이삭과 함께 오겠다고 말했습니다. 아브라함이 이삭만 데리고 올라가는데 이삭이 물었습니다.

"불과 나무는 있거니와 번제할 어린 양은 어디 있나이까?"

아브라함이 대답했습니다.

"아들아! 번제할 어린 양은 하나님이 자기를 위하여 친히 준비하시리라."

아브라함은 모리아 산으로 올라가면서 엉뚱한 말을 두 마디 하였습니다. 하나님은 아브라함의 두 말을 그대로 이루어 주셨습니다. 하나님은 믿음의 사람의 말을 책임져 주시는 분입니다. 아브라함의 말은 씨가 되었다가 열매가 되었습니다.

말은 성취력이 있습니다.

• 아인슈타인도 풀지 못할지 모른다

어느 수학 선생님이 자기가 가르치는 학생들을 두 팀으로 나누었습니다. 각각 다른 교실에 나누었습니다. 그리고 한 그룹의 학생들에게 말했습니다.

"너희들의 머리는 이 문제를 풀 수 있을 정도의 머리다. 이 문제는 그리 어렵지 않아! 자, 풀기 시작해라."

그러나 다른 학생들에게는 이렇게 말했습니다.
"이 문제는 너무나 어렵다. 아인슈타인도 풀지 못할지도 모른다. 그러나 한번 시도해 보아라."

나중에 어떤 결과가 나왔을까요?

'할 수 있다'는 말을 들은 아이들은 100% 그 문제를 풀었습니다. 그러나 '아인슈타인도 풀지 못할 것'이라는 말을 들은 아이들은 한 명도 이 문제를 풀지 못하였습니다.

말에는 성취력이 있습니다. 말은 주사 약과 같습니다. 그렇기에 말의 중요성은 아무리 강조하여도 지나치지 않습니다.

존경받는 사람들의 말은 항상 성취력을 주는 말입니다.

• 시집가서 잘살기는 틀렸다

자주 말하는 것은 반드시 성취되고야 맙니다. 그것이 그의 능력이기 때문입니다. 어떤 처녀에게 점쟁이가 말했습니다.

"너는 시집가서 잘살기는 틀렸다."

그 처녀는 좋은 일이 일어나도 "언젠가는 잘못될 거야. 잠시 잘되는 것뿐이야"라고 비관하였습니다. 잘 안 되면 "점쟁이 말이 맞아! 난 틀렸어!"라고 말했습니다. 결국 그 처녀는 폐인이 되고 말았습니다.

말에는 성취력이 있습니다.

• 에디슨의 말 한마디

얼마 전에 저는 미국 디트로이트에 집회 초청을 받고 그곳을 방문하였습니다. 그곳은 자동차 왕 헨리 포드 자동차 박물관이 있는 곳이었습니다. 헨리 포드의 고향이기 때문입니다. 그 박물관을 지을 때

기공식에 에디슨이 와서 축사를 해주었습니다. 그래서 박물관 입구에는 그날 에디슨의 발자국을 콘크리트에 찍어서 보관해 두었습니다. 에디슨은 발명의 천재일 뿐만 아니라 남을 위로하고 격려하고 사랑해 주는 데에도 천재였다고 합니다.

헨리 포드가 자동차를 제작하기 위하여 열심히 설계 도면을 그렸습니다. 그때 이 도면을 본 기계 제작자들은 비웃으면서 조소하였습니다. 아주 유치하고 이런 설계도로는 자동차를 만들 수 없다는 것이었습니다. 그러나 에디슨은 낙심 중에 있는 포드를 위로하며 앞으로 위대한 자동차를 만들 것이라고 말했습니다.

헨리 포드는 에디슨의 말 한마디에 용기를 얻었습니다. 열심히 자동차를 만들게 된 동기가 되었습니다. 그후 헨리 포드는 두 마디 유명한 말을 하였습니다.

"나는 남에게 칭찬 한번 들으면 한 달이 즐겁다."

"남을 위로할 수 있는 능력은 인생의 삶에 가장 아름다운 자산이다."

남을 편안하게 하는 말을 할 줄 아는 능력은 재산 중의 큰 재산입니다. 재능 중에 중요한 재능입니다.

말에는 성취력이 있기 때문입니다.

• 내일 당신은 어디 있을 것 같습니까?

병상에 누운 환자에게 목사님이 기도하러 갔습니다. 기도하려다가 목사님이 환자에게 먼저 물었습니다.

"내일 당신은 어디 있을 것 같습니까?"

그 환자는 이렇게 대답하였습니다.

"이 침대에 누워 있을 것 같습니다."

이 말을 듣고 목사님이 말했습니다.

"그렇다면 나는 더 이상 기도할 필요가 없습니다."

그러나 환자는 다시 기도하여 달라고 애원하였습니다. 그러자 목사님이 다시 물었습니다. 똑같은 질문이었습니다.

"내일 당신은 어디 있을 것 같습니까?"

환자는 아내의 손을 꼭 붙들고 눈물을 흘리면서 말했습니다.

"여보! 나는 기도하고 나면 주님이 내 병을 고쳐 주실 것을 믿어요. 성령님의 말씀이 내 마음속에 임하였어요. 사장님에게 전화 걸어요. 내일 출근한다고."

목사님은 간절히 기도하였습니다. 그 환자는 고침을 받았습니다. 꼭 믿음대로 됩니다. 믿음은 바라는 것들의 실상이기 때문입니다.

말에는 능력이 있습니다. 존경받는 사람들은 잘 말하는 사람들입니다. 그런 DNA가 흐르고 있습니다.

말에는 성취력이 있습니다.

2. 말에는 각인력이 있습니다

우리 뇌세포의 98%가 말의 지배를 받는다고 합니다. 말하자면, 입이 말하면 뇌는 그것을 각인해 두었다가 그 말대로 행동하게 되는 것입니다.

피곤하다고 말하면 피곤해지는 것입니다. 좋다고 말하면 좋다는 말이 각인되어 좋게 되는 것입니다. 춥다고 말하면 세포가 추위를 느끼기에 추워집니다.

누에고치는 자기 입에서 나온 실 300m로 자기 몸을 감쌉니다. 입의 말은 온몸을 감싸게 되는 각인력이 있습니다.

• 내 목에 비수를 댔던 사람이야!

우리 교회에 모 권사님 한 분이 등록을 하였습니다. 지금은 대전으로 이사하였습니다. 서울로 전근되어 다시 이사 오기를 기다리고 있습니다. 그분이 우리 교회에 등록하자 전에 다니던 교회의 목사님이 전화를 하였습니다.

"강 목사! 그 사람 내 목에 비수를 댔던 사람이야! 조심해!"

이 이야기를 듣고 저는 섬뜩하였습니다.

우리 교회 3년 일하다가 가셨는데, 그분이 좀 잘해도 경계심이 제 마음을 떠나지 않았습니다.

'저러다가 언젠가는 비수를 대겠지.'

그러나 그는 우리 교회를 떠나기까지 하나님께 충성하였습니다. 그리고 떠난 지금도 그렇게 잘할 수가 없습니다. 대개 떠나면 그만인데 지금도 우리의 교제는 사랑스럽게 이어지고 있습니다. 우리 집의 고추장, 된장을 매해 만들어 보내고 있습니다. 어느 목사님이 제게 준 말과 저의 체험은 전혀 달랐습니다. 그러나 그 말이 오랫동안 저를 떠나지 않았습니다.

말에는 각인력이 있습니다. 그래서 말을 잘해야 합니다. 사람들은 말이 편안한 사람을 존경합니다.

• 가난에서 태어나야 가난을 이긴다

세계적인 부호인 카네기는 너무나 가난한 가정에서 태어났습니다. 비참할 정도였습니다. 그래서 빵 한 조각을 가지고 집안 식구들이 서로 많이 먹겠다고 싸울 정도였습니다. 너무나 절망적인 상황이라 카네기 부모는 중대 선언을 하였습니다.

"우리가 같이 살다가는 모두가 굶어 죽겠다. 뿔뿔이 흩어져서 각자 알아서 식생활을 해야 살 사람은 살겠다. 가만히 앉아서 다 굶어 죽을 수는 없다."

비장한 선언이기도 하였습니다. 그때 카네기는 배고픈 배를 움켜쥐고 이렇게 결심하였습니다.

"가난을 영원히 날려 버리겠다. 이 고통의 순간을 절대 잊지 말자."

이렇게 결심한 그는 열심히 돈을 벌었습니다. 투쟁적으로 사업을 하였습니다. 마침내 세계에서 손꼽히는 부자가 되었습니다.

어느 날 영국의 신문 기자 한 명이 물었습니다.

"부자가 되려면 어떻게 해야 합니까?"

카네기는 이렇게 대답하였습니다.

"반드시 가난한 가정에서 태어나야 합니다. 그리고 가난을 잊지 말아야 합니다."

말에는 반드시 각인력이 있습니다. 말은 반드시 각인되어 그 사람을 그 사람 되게 합니다. 그렇기에 잘 말하는 사람을 사람들은 존경합니다.

• 감사촌과 불평촌

두 마을이 있었습니다.

한 마을은 감사촌이고, 다른 마을은 불평촌이었습니다. 감사촌에 사는 사람들은 항상 범사에 감사하기에 늘 유쾌하게 사는 사람들이었습니다. 그러나 불평촌에 사는 사람들은 무슨 일에든지 감사는 찾을 수 없고 불평만 하는 사람들이었습니다. 모두가 짜증스럽게 보였습니다.

하루는 감사촌 사람들이 불평촌을 방문하였습니다. 그들이 매사에 불평하며 사는 모습을 보고 감사하며 사는 삶이 너무나 감사하다며 더욱 기쁜 마음을 얻고 돌아왔습니다.

그러던 어느 날이었습니다. 불평촌에 사는 사람들이 감사촌이 어떤 곳인가를 견학하러 가자고 하였습니다. 모두가 호기심 속에서 왔습니다. 모두가 방문을 마치고 돌아와서 불평하며 말했습니다.

"에이, 괜히 감사촌에 갔다가 얻어먹은 것 없이 감사하다는 소리만 듣고 왔네."

행복을 원하거든 아예 감사촌으로 이사 가야 합니다.

불평의 말은 불평을 각인하고, 감사의 말은 감사를 각인합니다. '할 수 있다'의 말은 할 수 있는 행동을 각인합니다. '할 수 없다'는 말을 하면 세포가 할 수 없다는 믿음으로 각인시킵니다. 그래서 할 수 없게 됩니다.

그래서 예수님도 말씀하셨습니다.

> "내가 진실로 너희에게 이르노니 누구든지 이 산더러 들리어 바다에 던지우라 하며 그 말하는 것이 이룰 줄 믿고 마음에 의심치 아니하면 그대로 되리라 그러므로 내가 너희에게 말하노니 무엇이든지 기도하고 구하는 것은 받은 줄로 믿으라 그리하면 너희에게 그대로 되리라"(막 11:23-24).

말에는 각인력이 있습니다. 그래서 잘 말해야 합니다.

• **승리의 반은 주먹이었고 반은 말이었습니다**

저는 권투 선수 무하마드 알리가 은퇴할 때 한 말을 기억하고 있습니다.

그는 조 프레저와의 경기에서 한번에 1천만 달러, 즉 130억 원을 벌었습니다. 버그너와의 경기에서는 250만 달러, 약 28억 원을 벌었습니다. 한 시대의 권투계를 주름잡은 이였습니다. 그런데 사실 그는 권투보다 말이 유명하였습니다. 그는 권투 시합할 때마다 유명한 말을 한마디씩 남겼기 때문입니다. 경기 전에 꼭 한마디씩 했습니다.

"이번 경기에서는 나비처럼 날아서 벌처럼 쏘겠다."

"이번 경기에서는 소련 전차처럼 쳐들어가서 프랑스의 미라지기처럼 빠져 나오겠다."

"이번 경기에서는 일본군의 진주만 기습 작전을 쓰겠다."

그는 은퇴하면서 승리의 비결을 솔직히 털어놓았습니다.

"나의 승리의 반은 주먹이었고, 반은 말이었습니다."

그는 이렇게 말로 자기 머리에 승리를 각인시켰습니다. 그리고 상대방의 마음에는 패배를 각인시켰습니다. 말에는 각인력이 있습니다. 그렇기에 말을 잘해야 합니다. 말을 잘하는 사람을 사람들은 존경합니다.

3. 말에는 견인력이 있습니다

우리는 언행일치라고 말합니다. 행언일치라고 말하지 않습니다.

잘 말해야 합니다. 그 말이 자기를 끌어주기 때문입니다.
　의학적으로도 이해가 되지 않습니다

　저는 이런 이야기를 들었습니다.
　87세 된 노인이 트럭에 치여 죽었습니다. 그는 죽는 날까지 기력이 왕성하였습니다. 시체를 검안한 의사가 미망인에게 말했습니다.
　"할아버지는 경의로운 분이십니다. 저런 몸이었다면 벌써 돌아가셔야 할 몸인데 어떻게 이렇게 장수하셨습니까? 아무리 생각하여도 의학적으로도 이해가 되지 않습니다."
　이때 미망인 할머니가 대답하였습니다.
　"내가 말할 수 있는 것은 한 가지밖에 없습니다. 우리 할아버지는 항상 낙관적인 생각을 하였습니다. 그리고 낙관적인 말만 했습니다. 잠자기 전에는 꼭 이런 말을 하고 주무셨습니다. '내일은 기분이 더 좋아질 것이다.' '나에게는 희망이 있다.' '하나님은 좋으신 하나님이시다.'"
　이같이 말에는 견인력이 있습니다. 무엇이든지 끌어 주는 능력이 말 속에 들어 있습니다. 그렇기에 잘 말해야 합니다.

4. 말에는 추진력이 있습니다

　말에는 추진력이 있습니다. 그렇게 말했기에 그 방향으로 일이 추진되게 되어 있습니다. 이것이 말의 힘입니다.

• 파나마 운하

세계에서 제일 큰 운하는 파나마 운하입니다. 1914년 미국에 의하여 파나마 운하가 건설되기 직전의 이야기입니다.

건설을 맡은 책임자는 여러 가지 장애에 부딪치게 되었습니다. 운하를 건설하기에는 지리적으로 악조건이었습니다. 그리고 그곳은 악천후였습니다. 날씨가 변덕이 심하였습니다. 그러나 가장 큰 방해물은 '운하는 건설될 수 없다'는 부정적인 여론이었습니다. 비난과 욕설 그리고 빈정거림이 가장 큰 아픔이었습니다. 그러나 그는 입을 꾹 다물고 침묵으로 그 일을 추진하였습니다.

주위에 있는 사람들이 안타까워서 물었습니다.

"왜 그런 비난을 받고도 침묵합니까?"

그러나 그는 그때마다 짤막하게 대답하였습니다.

"때가 되면 말하지!"

사람들은 물었습니다.

"그때가 언제입니까?"

그는 웃으면서 짤막하게 대답하였습니다.

"운하가 완성된 후."

드디어 그는 운하를 완성하였습니다. 아무 말도 필요가 없었습니다. 완성된 운하가 욕하던 사람들에게 다 말해 주었습니다.

긍정적인 말은 추진력이 있습니다. 그래서 긍정적으로 말하는 사람은 '할 수 있다'는 생각을 하고 전진하기에 사람들은 긍정적으로 말하는 사람을 존경하고 있습니다. 부정적인 말을 하는 사람을 존경하지 않습니다.

• 야곱의 축복 선언의 말

야곱이 세상을 떠날 때 12아들을 놓고 축복 기도를 하던 중에 유다에게는 이렇게 축복하였습니다.

> "그의 나귀를 포도나무에 매며 그 암나귀 새끼를 아름다운 포도나무에 맬 것이며 또 그 옷을 포도주에 빨며 그 복장을 포도즙에 빨리로다 그 눈은 포도주로 인하여 붉겠고 그 이는 우유로 인하여 희리로다"(창 49:11-12).

이스라엘 성전 역사를 보면 성전에서 일하는 레위인들이 성전을 버리고 도망친 적이 있었습니다. 사람들이 너무 어려워서 헌금을 못하니까 성전에서 살 수 없었기 때문이었습니다. 그때 성전을 위하여 곡식과 포도주와 기름을 열심히 헌금한 지파는 유다 지파 하나뿐이었습니다(느 13:12)

그런데 놀라운 것은 하나님께서 유다 지파에게 야곱이 축복하였던 그 축복을 그때 이루어 주셔서 포도주가 풍부하게 해주셨습니다(느 13:15). 유다 지파에서 포도주 장사가 나타났습니다. 포도주가 넘쳤기 때문입니다.

하나님께서는 하나님께 하려고 하는 자에게 할 수 있는 능력을 주시는 분입니다.

• 보름달과 초승달

강대국이 소국을 쳐들어오려고 하였습니다. 한 현자가 왕의 친서를 가지고 강대국으로 갔습니다. 전쟁을 끝내기 위하여 떠났습니다.

그는 이웃 나라의 왕을 만나서 말했습니다.

"본국의 왕이 초승달이라면, 대왕께서는 보름달입니다."

이 말 한마디로 양국간의 전쟁은 끝났습니다. 그러나 이 현자는 귀국 후 왕에게 불려가게 되었습니다. 왕은 노고를 치하하였습니다. 상을 주었습니다. 그리고 상을 주자마자 빼앗았습니다. 그러고는 말했습니다.

"전쟁을 끝낸 공로로 상을 주었다. 그러나 나를 초승달이라고 말했다면서? 자존심 상한다. 너는 죽어야 한다."

그리고 목을 베어 죽이려고 하였습니다. 현자는 웃으면서 대답하였습니다.

"폐하! 제가 분명히 그렇게 말을 하였습니다. 그러나 보름달은 기울어 끝나는 달입니다. 반면에, 초승달은 이제 시작하는 달이지요. 초승달에게는 미래가 있으나 보름달은 소멸될 뿐입니다."

말 한마디로 전쟁을 끝내고 말 한마디로 생명을 건졌습니다.

말에는 엄청난 추진력이 있습니다. 잘 말하는 사람을 사람들은 존경합니다.

• 오늘은 좋은 날이다

미국 백악관에서 제일 먼저 산 대통령은 존 애덤스였습니다. 그는 백악관을 짓고 처음 들어가서 식당 벽에 이렇게 써 붙였습니다.

"이 집에서 사는 사람들은 모두 정직하고 지혜로워야 한다."

이 문구는 아직도 백악관 벽에 붙어 있습니다.

중요한 결단을 내려야 할 때마다 정직하게 결정하는 것이 미국 대통령의 관례가 되었습니다. 애덤스 대통령은 백악관에서 늘 하나님과 함께 즐겁게 살았습니다. 그래서 아침이면 늘 이렇게 말했습니다.

"오늘은 좋은 날이다."

늘 긍정적인 삶을 살았습니다. 심지어는 죽는 날 아침에 그 아픔 중에서도 이렇게 말했습니다.

"오늘은 좋은 날이다."

하나님께로 가는 날이 가장 좋은 날이라는 의미였습니다. 그렇게 말하며 하루하루를 아름답게 살았습니다.

말에는 추진력이 있습니다. 즐겁다고 말하니까 즐겁게 되었습니다. 잘 말해야 합니다.

• 남편 없이는 살아도 아이들 없이는 못 살겠어

어느 두 여인이 이런 대화를 하였습니다.

한 사람이 친구에게 말했습니다.

"난 남편 없이는 살아도 아이들 없이는 못살겠어."

이 말을 들은 친구가 말했습니다.

"그런 말 하지 마. 나도 전에 늘 '남편 없이는 살아도 아이들 없이는 못살아' 라고 말했더니 하나님께서 남편을 일찍 데리고 가셨어. '난 남편 없이도 못살고 아이들 없이도 못살아' 라고 말해야 돼."

맞는 말입니다. 말에는 추진력이 있기 때문입니다.

그렇습니다.

① 말에는 성취력이 있습니다.
② 말에는 각인력이 있습니다.
③ 말에는 견인력이 있습니다.

④ 말에는 추진력이 있습니다.

말에 대하여 깊은 연구를 하였던 그렌 크라크 박사는 요약하여 말했습니다.

"긍정적인 선언은 신선하고 깨끗한 산소를 마시는 것과 같고, 부정적인 선언은 배설물과 독물을 마시는 것과 같습니다."

그래서 말 잘하는 이보다 잘 말하는 DNA는 존경받는 사람의 DNA입니다.

그렇기에 잘 말하는 습관은 하나님이 주신 축복의 입술입니다. 우리는 말 잘하지 말고 잘 말하는 입술을 달라고 하나님께 기도해야 합니다.

잘 말하는 입술에는 지혜가 들어 있습니다. 사랑이 들어 있습니다. 포용이 들어 있습니다.

그렇기에 잘 말하는 사람을 사람들은 존경하게 되어 있습니다.

잘 말하는 사람을 몇 명 소개합니다.

• 일본 도쿄 은혜교회 장성렬 목사

제가 일본 도쿄에 집회를 가끔 가는 교회가 있습니다. 도쿄 은혜교회입니다. 몇 번 갔습니다. 담임목사님과 앉아서 식사를 하고 있었습니다. 여자 집사님 한 분이 오더니 말했습니다.

"저는 목사님이 이해가 안 가요."

한 번도 아니고 이 말을 자꾸만 반복하는 것이었습니다. 저는 조금 화가 났습니다. 어떻게 집사가 강사 앞에서 담임목사님을 보고 이해가 안 간다고 대놓고 이야기할 수 있는지 도무지 이해가 되지 않았습니다.

저는 목사님이 어떻게 반응하는지 눈여겨보았습니다. 장성렬 목사님은 빙그레 여유 있게 미소를 지으면서 말했습니다.

"집사님! 이 해가 안 가면 다음 해가 안 와! 이해해."

그 자리에 있던 사람들이 모두 웃었습니다. 그리고 분위기가 금방 좋아졌습니다.

그 말 한마디가 분위기를 전적으로 바꾸었습니다. 그렇게 말하는 사람을 누구나 존경합니다.

• 핸드폰이 설교 도중에

부흥회에서 강사가 설교 도중에 땀을 흘리며 열심히 설교하는 중이었습니다. 핸드폰이 울렸습니다. 강사는 짜증이 나서 소리를 질렀습니다.

"저 여자 예배드리면서 서방질하고 있구나!"

그 여자는 얼굴이 홍당무처럼 되었습니다. 그리고 사람들은 모두 싸늘해졌습니다. '강사님이 말실수하였다' 하는 반응이었습니다.

다시 설교는 시작되었습니다. 그런데 이번에는 목사님의 주머니에 있는 핸드폰이 울렸습니다. 목사님은 태연하게 핸드폰을 꺼내 귀에 대고 말했습니다.

"예, 하나님! 말씀하시옵소서!"

순간적으로 얼었던 분위기가 폭소와 함께 풀어졌습니다.

• 달인 기흥성

얼마 전에 TV를 보는데 달인 이야기가 나오고 있었습니다.

무슨 모형이든지 보기만 하면 기가 막히게 만드는 모형의 달인 기홍성 씨 이야기입니다. 그런데 그는 한 가지 모형을 만들기 시작하면 며칠 밤을 꼬박 새우면서라도 완성을 시키고 마는 찰거머리 같은 이였습니다.

놀랍게도 그는 심장병으로 10년째 심장 박동기를 가슴에 달고 있었습니다. 언제 심장에 멈추어 죽을지 모르는 상황이었습니다. 그러나 그는 여유 있게 그 심장 박동기를 가리키며 말했습니다.

"이것은 내 훈장입니다."

얼마나 여유 있는 말인가요?

저는 말로 큰 실수를 하였던 것을 평생 잊을 수 없습니다.

제가 사모 세미나를 좋아하는데 그 이유는 두 가지가 있습니다. 저는 사모 아닌 여자들과는 살아 본 적이 없습니다. 태어나니까 어머니가 사모였습니다. 아버지가 목사였기 때문입니다. 결혼하니까 아내가 사모입니다. 그래서 사모들 마음속에는 무엇이 들어 있는지 다 알고 있습니다. 사모님들을 보면 집안 식구 같은 마음이 들어서 사모 세미나가 좋습니다.

다른 이유가 또 있습니다.

여자들만 앉혀 놓고 남자는 저 혼자 있는 그 기분도 좋았습니다. 사모 세미나 중에 제가 실수한 고백이 있습니다.

첫날 어느 사모님 한 분이 자꾸만 조는 것이었습니다. 졸아도 심하게 졸았고, 계속 졸았습니다. 저는 예배 시간이나 부흥회 중에 조는 사람을 신경질적으로 싫어하는 성격입니다.

그러나 그날은 두고보기로 하였습니다. 피곤하여 조는 것은 누구에게나 있을 수 있는 것이기 때문입니다. 월요일 밤에 푹 잤습니다. 화요일 첫 시간 강의실에 들어가면서 저는 그 사모님이 생각이 났습니다. 저 혼자 중얼거렸습니다.

'오늘도 졸면 그 사모는 조는 버릇이 있는 사모다. 혼내 주리라.'

그렇게 단단히 마음을 먹고 강의실에 들어가 강의하기 시작하였습니다. 그 사모를 유심히 보았습니다. 역시 또 조는 것이었습니다. 저 사모가 조는 것은 어쩔 수 없는 피곤이 아니라 상습적인 것이라고 결론을 내렸습니다. 졸고 있는 사모에게 말했습니다.

"사모님! 일어나세요."

그 사모는 졸고 있다가 깜짝 놀라 깼습니다. 그리고 엉겁결에 일어났습니다. 저는 다시 말했습니다.

"성경, 찬송 들고, 교과서를 드세요."

그 사모는 영문도 모르고 성경, 찬송 그리고 교과서를 들었습니다. 그 다음이 제가 실수한 말입니다.

"집으로 가세요. 그리고 목사님과 이혼하세요. 목사님에게 다른 여자를 붙여 주세요. 저는 같은 목사로서 당신 남편이 불쌍합니다. 목사님은 일주일 내내 피눈물 나는 노력으로 설교를 준비하여 설교하지요. 그때 당신은 사모로서 졸지요? 그럴 수가 있습니까? 저의 아내는 안 그렇습니다. 제가 설교할 때면 초긴장을 해요. 마이크 소리가 안 들리면 안 들린다고 신호합니다. 제가 예화가 길어지면 쓸데없는 소리 그만두고 성경으로 들어가라고 신호합니다. 아이가 울면 재빨리 데리고 나갑니다. 그렇게 목회를 도와주어야 사모입니다. 당신은 당신 남편이 설교할 때 졸지요? 가서 이혼하세요."

제 말을 듣고 그 사모는 안절부절못했습니다. 벌벌 떠는 것 같았습니다. 얼굴은 홍당무처럼 되었습니다. 갈 수도 없고, 안 갈 수도 없어서 멍하니 서 있었습니다. 잠시 후 묘안이 떠올랐는지 말했습니다.

"목사님! 저 졸지 않을 테니 용서해 주세요."

그 말을 듣고 제가 말했습니다.

"정말이요?"

사모가 간결하게 대답하였습니다.

"네."

저는 마음을 누그러뜨리며 말했습니다.

"앉으세요."

그리고 그 사모는 거짓말처럼 수요일 1시에 끝나는 시간까지 한 번도 졸지 않았습니다. 그러고 나니 제가 미안하였습니다. 제가 생각해도 제가 너무했다는 생각이 들었습니다.

수요일 점심 식사 후 세미나가 마치게 되어 있었습니다. 저는 식사하고 가려는 사모님에게 다가갔습니다. 그리고 조용히 말했습니다.

"사모님! 미안해요. 제가 생각해도 제가 너무 말을 막 했어요. 저도 모르게 그렇게 말해 놓고 나니 얼마나 미안한지 모르겠어요. 용서하세요."

저는 정중하게 사과하였습니다. 그렇게 말하면 사모님은 제 사과를 받아들이고 마음이 풀어질 줄 알았습니다. 그러나 결과는 반대였습니다. 사모님은 냉정하게 말했습니다.

"몰라요. 몰라요. 몰라요."

세 번을 오른팔을 흔들면서 외치더니 이렇게 말했습니다.

"내 평생 최고의 망신을 당했어요. 많은 사모님들 앞에서 그런 말이 뭐예요?"

그러고는 휙 돌아서서 가버렸습니다.

제가 망신당한 것 같았습니다. 그다음 날 새벽에 일어나 무릎을 꿇고 주님을 부르면서 기도하였습니다. 주님이 안 나타나시고 그 사모가 나타나서 외쳤습니다.

"몰라요. 몰라요. 몰라요. 제 평생 최고의 망신을 당했어요. 많은 사모님들 앞에서 그런 말이 뭐예요?"

저는 어떻게 할 바를 몰랐습니다. 풀 방법도 몰랐습니다. 그렇게 며칠이 흘렀습니다. 주일을 마치고 월요일 아침 조용한 시간이었습니다.

그 사모님 생각이 났습니다. 그래서 등록부를 찾아서 전화를 걸었습니다. 벨이 울려 가는 순간 무슨 말부터 해야 할지 조마조마하였습니다. 남편 목사님이 전화를 받았습니다.

"강문호 목사입니다."

조용히 말문을 열었습니다. 목사님이 아주 반가운 듯이 물었습니다.

"강 목사님! 목사님이 어떻게 하였기에 어제 주일 생전 처음으로 집사람이 안 졸았습니다."

저도 한마디 하였습니다.

"사모님에게 직접 물어 보세요."

그리고 전화를 끊었습니다. 그러고는 이 사건을 종지부 찍었습니다. 지금 생각해도 제가 너무 말을 막 하였던 후회스러운 성막 세미나였습니다. 그 사모님에게 죄송스러운 마음을 지금도 가지고 있습니다.

그래서 이제는 말조심하고 있습니다.
잘 말하는 입술을 달라고 하나님께 끊임없이 기도하고 있습니다.

그렇습니다.
존경받는 사람 속에는 잘 말하는 DNA가 흐르고 있습니다. 잘 말할 줄 아는 지혜로운 입술은 정말 복된 입술입니다.
어떻게 말하느냐가 바로 그 사람의 인격입니다.

공공장소에게 남녀가 포옹을 하고 있었습니다. 보기 좋지 않은 장면이었습니다. 좀 도를 넘었습니다. 그때 어떤 사람이 중얼거렸습니다.
"대가리에 피도 안 마른 것들이……말세다. 그래, 이 자리를 너희들이 전세 냈냐? 이곳이 네 안방이냐? 매일 만나면서 무슨 행동이 그러냐?"
그때 한 사람이 점잖게 야단을 쳤습니다.
"관람비는 안 줘도 되니? 무대와 조명이 곁들여졌더라면 멋진 연기자 같다."
이들은 얼굴이 빨개지면서 죄송하다고 하고 물러갔습니다.
말 속에는 그 사람의 인격이 들어 있습니다. 그렇기에 존경받는 사람의 입술에는 잘 말하는 DNA가 들어 있습니다.

마지막으로 예수님의 말씀을 드리고 마치려고 합니다.
예수님께서 예루살렘에 이르러 성전에 들어가사 모든 것을 둘러보시고 나니 날이 저물었습니다. 배고픈 배를 움켜쥐고 베다니에 가서 머무르셨습니다. 그리고 이튿날 아침에 길거리로 나가셨습니다. 무화과나무가 있는데 열매가 없었습니다. 열매가 있으면 배가 고파서 따먹으려고 하던 중이었습니다.

예수께서 나무에게 말씀하셨습니다.

"이제부터 영원토록 사람이 네게서 열매를 따 먹지 못하리라"(마 11:18).

이른 아침이었습니다. 이 일 저 일을 마치고 저녁이 되었습니다. 예수님이 제자들을 데리고 가는데 그 무화과나무가 말라 가는 것을 제자들이 보았습니다. 그런데 뿌리부터 말라 가는 것이었습니다(막 11:20).

잎부터 마르면 당연한 것인데 뿌리부터 마른 것은 정말 이상한 것입니다. 예수님은 자기가 저주하여 그렇게 된 것이라는 증거를 확실히 보여주려고 그렇게 하신 것입니다.

언제부터 뿌리가 마르기 시작하였습니까?

예수님이 영원토록 열매를 먹지 못하리라고 말씀하신 후부터였습니다.

잘 말하는 DNA는 하나님이 주신 축복의 선물입니다.

제6의 DNA 구제

사람들이 존경하는 사람은 어떤 사람일까요?

그들 속에는 어떤 DNA가 흐르고 있는 것일까요? 사람들은 구제 DNA가 흐르는 사람을 존경합니다. 구제하는 사람을 미워하는 사람은 이 세상에 단 한 명도 없습니다.

왜 구제하는 사람을 존경하는 것일까요?

구제는 모든 율법의 대강령이기 때문입니다. 율법의 모든 것이 들어 있는 것이 바로 구제입니다. 구제를 하면 모든 것을 이루는 것이 되기 때문입니다.

한 율법사가 예수님께 와서 물었습니다.

"선생님이여 율법 중에 어느 계명이 크니이까"(마 22:36).

예수님이 말씀하셨습니다.

> "네 마음을 다하고 목숨을 다하고 뜻을 다하여 주 너의 하나님을 사랑하라 하셨으니 이것이 크고 첫째 되는 계명이요 둘째도 그와 같으니 네 이웃을 네 몸과 같이 사랑하라 하셨으니 이 두 계명이 온 율법과 선지자의 강령이니라"(마 22:37-40).

모든 율법을 종합하면 간단합니다.

1. 하나님 사랑
2. 이웃 사랑
3. 자기 사랑

이 세 가지가 하나님이 주신 율법의 모든 것입니다. 구제하면 하나님을 사랑하는 것이고, 이웃을 사랑하는 것이고, 자기를 사랑하는 것입니다.

모두를 사랑하는 사람을 존경하지 않을 이유가 없습니다.

1. 이웃 사랑

구제는 무엇보다 이웃을 사랑하는 것입니다. 우리 이웃에는 늘 그늘진 곳이 있습니다. 그런 그늘진 곳을 찾는 것이 구제입니다.

모세가 죽기 전에 율법 강의를 하였습니다. 구제에 대한 강의에 이런 말씀이 나옵니다.

"만일에 모든 이스라엘 백성들이 구제를 베푼다면 이스라엘에는 가난한 사람들이 없어질 것입니다. 돈을 빌려주는 이도, 돈을 꾸는 이도 사라지게 될 것입니다."

이런 강의를 마치고 질문과 대답이 이어졌습니다.

질문 : 구제를 베풀어야 할 사람이 많고 돈은 한정되어 있다면 누구부터 구제를 해야 합니까?

대답 : 먼저 가족부터 구제해야 합니다. 그리고 나서 알지 못하는 이들을 구제해야 합니다. 그리고 이방인과 유대인이 같이 있으면 유대인부터 구제해야 합니다.

질문 : 가난한 이가 두 번째로 와도 구제해야 합니까?

대답 : 그렇습니다. 그가 자꾸만 와도 당신이 할 수 있는 한 자꾸만 구제해야 합니다. 그가 오기를 그치지 않으면 당신은 주기를 그치지 말아야 합니다.

질문 : 내 소득 중에서 얼마를 주어야 가장 적당한 구제가 됩니까?

대답 : 10분의 1이 가장 적당합니다. 만일 더 하고 싶으면 더 해도 됩니다. 그러나 당신이 가난하다면 그 정도에서 그치는 것이 좋습니다.

질문 : 만일 내가 구제할 비용을 다 썼는데 다른 사람이 오면 빈손으로 돌려보내도 됩니까?

대답 : 만일 그에게 줄 돈이 없다면 친절을 주십시오. 그리고 그에게 줄 수 없는 형편임을 잘 말하고 기쁜 마음으로 돌아가게 해야 합니다. 그에게 용기를 주었다면 돈을

준 것보다 더 많이 준 것입니다.
질문 : 만일 자존심 때문에 받지 않으려 하는 이가 있다면 어떻게 해야 합니까?
대답 : 그가 당황하지 않게 줄 수 있는 방법을 연구하여 주어야 합니다. 누가 주었는지 모르게 주는 것이 가장 좋은 구제입니다.

모세부터 이스라엘 백성들은 구제에 대해 이런 교육을 받고 자랐습니다. 그래서 구제가 생활화되어 있습니다.

저는 종종 유대인 책방에 들어갑니다.
책방에서 한꺼번에 약 1,000달러 정도 책을 구입하였습니다. 그 주인은 저에게 이익금의 십일조를 떼어 주면서 말했습니다.
"강 목사님! 저는 오늘 바빠서 나가서 구제할 수 없습니다. 우리는 이익의 10분의 1은 하나님께 드립니다. 그리고 10분의 일을 떼어 구제합니다. 그런데 저는 구제하러 나갈 시간이 없습니다. 목사님이 저 대신에 구제해 주시기 바랍니다."
그래서 저는 그 돈을 받아 가지고 나와 공항에서 걸인에게 주었던 생각이 납니다. 제가 도저히 쓸 수 없는 돈입니다.
유대인들은 세계에서 제일 구제를 잘하는 민족으로 알려져 있습니다. 어떻게 유대인들이 그렇게 구제를 잘하는 민족이 되었을까요?
성경을 가지고 있는 민족이기 때문입니다.
성경은 구제에 대해 강조하고 있습니다. 그래서 유대인들은 구제가 기본입니다. 마을마다 성경의 가르침을 따라 구제위원회가 구성

되어 있습니다. 그런데 모두 잘살기에 돈을 쓸 곳이 없을 때도 있습니다. 한 마을에 수억 원씩 모여져 있는 경우가 있습니다. 그래서 심지어 탈무드에는 이런 이야기가 나옵니다.

선생님이 학생에게 물었습니다.
"너 이 다음에 무엇이 되기를 바라니?"
그 학생이 웃으며 대답하였습니다.
"이 마을에 하나밖에 없는 거지가 되기를 원합니다."
이상하여 선생님이 다시 물었습니다.
"왜 거지가 되고 싶니?"
"이 마을에 구제 기금이 많아서요."
이웃을 사랑하는 구제는 아름다운 것입니다. 그래서 구제의 DNA가 흐르는 사람을 사람들은 존경합니다. 그리고 그를 따릅니다.

저는 이 글을 천보산 기도원에서 쓰고 있습니다.
이 기도원에서는 수많은 곳을 돕고 있습니다. 수많은 사람들이 원장님을 따르고 있습니다.
비단잉어를 기르는 곳이나 물고기를 기르는 곳에 가서 먹이를 주어본 경험이 있습니까? 먹이를 주는 사람에게 모두 모여들게 마련입니다. 사람들은 주는 사람을 존경합니다. 주지 않고 움켜쥐는 사람을 존경할 리가 없습니다.
천보산 기도원은 민족을 위하여 기도하는 민족 제단이 있는 기도원입니다. 늘 민족을 위한 기도가 끊이지 않고 있습니다. 이런 사실을 알고 국회의원들이 많이 찾아와서 기도한다고 합니다. 얼마 전에 이명박 대통령 영부인이 청와대로 불러서 청와대에 가서 기도하고 나왔다고 합니다.

  자기를 위해서는 한 달에 10만 원도 안 쓰는 원장님입니다. 그러나 나라와 민족을 위해서는 있는 힘을 다하여 기도하고 헌신하는 분입니다. 80세의 연세인데도 아주 정정하십니다. 찬송 인도를 직접 하십니다.

  저는 어떻게 하여 민족 제단을 쌓게 되었는지 물었습니다. 그 내용을 듣고 나서 저는 깜짝 놀랐습니다.

  원장님의 아버지가 유관순이 태어난 병천에서 면장이었습니다.

  유관순이 독립운동을 하려고 서울에서 공부하다가 내려왔습니다. 3·1절 때입니다. 학생이라 태극기를 만들 돈이 없었습니다. 그래서 자기 마을 면장님을 찾아가서 그런 사정을 말했습니다. 면장님은 공금을 모두 꺼내어 유관순에게 태극기 만들어 만세를 부르라며 주었습니다. 그리고 도망가 버렸습니다.

  그 많은 돈으로 태극기를 만들어 온 동네, 이웃 동네에 나누어 주었습니다. 그리고 그 곳에서 대대적인 만세 사건이 벌어졌습니다.

  유관순은 잡혀 죽고, 면장님 아버지도 나중에 체포되어 형을 받았습니다. 그 민족정신의 피가 그 가정에 흘러 내렸습니다. 그래서 민족 제단을 만들어 나라와 민족을 위하여 기도하게 된 것입니다.

  천보산 기도원 원장님은 교회를 9곳에 세웠습니다. 그리고 10번째로 기도원을 세웠습니다. 하나님이 큰 축복을 주셨습니다.

  저는 처음 와 보았는데 이렇게 큰 기도원이 있는 줄 몰랐습니다. 저를 초청하느라고 기도를 많이 하였다는 것입니다.

  개척 교회를 세우고 어려울 때였습니다. 일본 사람이 버스에 탔습니다. 원장님은 버스 뒤쪽에 앉아 있었습니다. 일본 사람이 버스 앞쪽에서 타다가 다이아 반지를 떨어뜨렸습니다. 그 반지가 데굴데굴 굴러서 원장님 발 앞에 멈추어 섰습니다. 원장님은 빨리 발 아래로 밟아 숨겼습니다.

그런데 일본 사람은 뒤쪽으로 오지 않고 앞에서만 찾는 것이었습니다. 그래서 속으로 이렇게 생각하였습니다.

'내가 세운 개척 교회가 어려우니까 하나님이 일본 사람의 다이아몬드 반지를 빼앗아서 내게 주시는가 보다.'

그리고 계속 숨기고 있었습니다. 그래도 일본 사람은 뒤로 올 생각을 하지 않았습니다. 그런데 조금 후 왜 그런지 하나님 앞에서 부끄러운 생각이 들었습니다. 그래서 반지를 집어 들었습니다. 그리고 일본 사람에게 가서 주었습니다. 일본 사람은 고마워서 어쩔 줄 몰라 했습니다.

늘 주려고만 하는 사람은 존경을 받게 되어 있습니다.

2. 하나님 사랑

구제는 하나님을 사랑하는 것이기에 하나님을 사랑하는 사람은 존경을 받게 되어 있습니다. 예수님이 말씀하시는 율법의 대강령은 하나님 사랑입니다.

예수님은 구제하는 것이 온전의 완성이라고 확실하게 말씀하셨습니다.

"예수께서 가라사대 네가 온전하고자 할진대 가서 네 소유를 팔아 가난한 자들을 주라 그리하면 하늘에서 보화가 네게 있으리라 그리고 와서 나를 좇으라"(마 19:21).

이 청년은 모든 율법을 다 지켰다고 예수님 앞에서 고백하였습니다. 아무리 율법을 어려서부터 다 지켰다고 할지라도 구제가 없으면 온전할 수 없다고 말씀하셨습니다. 그러므로 구제는 마침표입니다.
구제 없이 온전 없습니다.
그리고 예수님은 이렇게 말씀하셨습니다.

"내가 주릴 때 너희가 먹을 것을 주었고 목마를 때에 마시게 하였고 나그네 되었을 때에 영접하였고 헐벗었을 때에 옷을 입혔고 병 들었을 때에 돌아보았고 옥에 갇혔을 때에 와서 보았느니라"(마 25:35-36).

이 말을 들은 의인들은 그렇게 한 일이 없다고 이상하다는 듯이 말했습니다. 그때 주님이 말씀하셨습니다.

"너희가 여기 내 형제 중에 지극히 작은 자 하나에게 한 것이 곧 내게 한 것이니라"(마 25:40).

구제하는 것은 곧 하나님을 사랑하는 것입니다. 그래서 하나님이 갚아주겠다고 말씀하셨습니다.

"가난한 자를 불쌍히 여기는 것은 여호와께 꾸이는 것이니 그 선행을 갚아 주시리라"(잠 19:17).

우리가 오늘 10만 원 구제하였다면 하나님께 이렇게 말해도 됩니다.
"하나님! 하나님께 10만 원 꾸어 드린 것 도로 주십시오."
이것이 성경적입니다.
하나님은 반드시 보상하시는 분입니다. 구제는 곧 하나님을 사랑하는 것이기에 구제하는 사람을 사람들은 존경하게 되어 있습니다. 하나님을 사랑하는 사람을 사람들은 존경하기 때문입니다.

탈무드 이야기입니다.
남을 도와주기를 잘하는 랍비가 있었습니다. 너무나 주기를 좋아하여 이제 집안에는 줄 것이 없었습니다. 그런데 하루는 아내가 없는데 거지 할아버지가 와서 구제해 주지 않으면 길거리에 쓰러져 죽을 것 같다고 말했습니다. 그러나 줄 것이 아무것도 없었습니다.
혹시나 하여 집안을 뒤져보니 아내의 '안식일 반지'가 하나 있었습니다. 아내가 안식일이면 끼고 가는 반지입니다. 하나님께 잘 보이려고 장식하는 장신구였습니다.
굶어 죽으면 안 되니까 그 반지를 팔아서 먹을 것을 사라고 주었습니다. 거지 할아버지가 그 반지를 가지고 떠났습니다.
조금 후 아내가 외출하였다가 돌아왔습니다. 랍비는 아내의 그 반지를 거지에게 주었다고 말했습니다. 아내는 당황하면서 랍비에게 귀에 대고 무슨 말인가 하였습니다. 그 말을 듣자마자 랍비는 잽싸게 거지에게 뛰어갔습니다. 한참을 뛰어가서 그 거지를 만났습니다. 그리고는 이렇게 말했습니다.

"여보게, 아내가 그러는데 그 반지 속에는 다이아몬드가 들어 있다네. 그냥 모르고 팔면 조금밖에 못 받는다네. 많이 받아야 해."

그리고 유유히 사라졌습니다.

하나님은 이런 사람을 후에 보상하실 것입니다.

3. 자기 사랑

다른 사람을 사랑하는 것은 곧 나를 사랑하는 것입니다. 구제는 메아리와 같습니다. 저 사람을 사랑하면 그 사랑이 내게 옵니다.

성경에서 영적 메아리를 몇 가지 보여주고 있습니다.

(1) 기도가 메아리입니다

욥이 그랬습니다. 욥은 자기가 죽을 지경인데도 불구하고 친구들을 위하여 간절히 기도하였더니 자기 문제가 해결되었습니다.

> "욥이 그의 친구들을 위하여 기도할 때 여호와께서 욥의 곤경을 돌이키시고 여호와께서 욥에게 이전 모든 소유보다 갑절이나 주신지라"(욥 42:10).

욥은 어려움 속에서 자기를 위하여 기도하지 않고 어려움 속에 있는 친구들을 위하여 기도하였습니다. 그랬더니 하나님이 친구들의 곤경을 돌이키신 것이 아니라 욥의 곤경을 돌이키셨습니다. 그리고 배의 축복을 주셨습니다. 그 전만큼만 회복시켜 주셔도 동방에서 제일가는 부자인데 두 배를 주셨습니다.

기도는 메아리입니다.

이웃을 위하여 기도하면 내게 두 배의 축복이 있습니다.

(2) 평안이 메아리입니다

예수님께서 12제자들로는 사역이 어려울 정도로 바빠지셨습니다. 그래서 70문도를 더 임명하셨습니다. 둘씩 둘씩 짝지어 보내셨습니다. 파송하면서 말씀하셨습니다.

> "어느 집에 가든지 먼저 말하되 이 집이 평안할지어다 하라 만일 평안을 받을 사람이 거기 있으면 너희의 평안이 그에게 머물 것이요 그렇지 않으면 너희에게로 돌아오리라"(눅 10:5-6).

평안도 메아리입니다. 다른 사람에게 평안을 주면 그 평안이 내게로 돌아옵니다.

(3) 구제가 메아리입니다

구제도 메아리입니다. 다른 사람을 구제하면 그 축복이 내게로 돌아옵니다. 예수님이 이렇게 말씀하셨습니다.

> "주라 그리하면 너희에게 줄 것이니 곧 후히 되어 누르고 흔들어 넘치도록 하여 너희에게 안겨 주리라 너희의 헤아리는 그 헤아림으로 너희도 헤아림을 도로 받을 것이니라"(눅 6:38).

"가난한 자를 구제하는 자는 궁핍하지 아니하려니와 못 본 체하는 자에게는 저주가 많으리라"(잠 28:27).

연세대 총장을 지내신 박대선 박사님이 출석하는 교회에 가서 부흥회를 인도하였습니다. 같이 식사를 하면서 이야기를 나누었습니다. 이런 말씀을 하셨습니다.

학교에 다닐 때 가난한 친구가 있었습니다. 추운 겨울인데 구두가 다 해어져서 발가락이 보였습니다. 너무나 안타까워서 자기의 헌 구두를 주었습니다. 정말 고마워하였습니다.

그후 6·25 한국전쟁으로 박 목사님이 부산으로 피난을 갔습니다. 그 친구를 거기에서 만났습니다. 그 친구가 쌀 한 가마를 가지고 왔습니다. 그때 발가락 나올 때 준 구두를 잊을 수가 없다고 말하며 가지고 온 것입니다.

구제하기를 좋아하는 여자가 있었습니다. 구제하다 보니 집안에 더 이상 줄 것이 없는 거지가 되었습니다. 그래서 그 여자는 하나님께 기도드렸습니다.

"하나님! 줄 것이 많은 재벌과 결혼하게 하여 주옵소서."

하나님은 그 기도를 들으시고 재벌과 결혼하게 하여 주셨습니다. 신나게 구제하기 시작하였습니다. 재벌 남편이 가만히 두고 보니 이렇게 살다가는 3년도 못 되어 집안이 거덜 날 것만 같았습니다. 그래서 어느 날 저녁에 아내에게 말했습니다.

"여보! 나는 당신의 아름다운 마음을 알아요. 사랑해요. 그런데 당신하고 살다 보면 3년 내에 우리 집안이 거덜 날 것 같아요. 우리 집에서 제일 좋은 것을 하나 가지고 집으로 돌아가 줘요."

아내는 당황하였지만 하나님께 지혜를 달라고 기도하였습니다. 하나님이 지혜를 주셨습니다. 그래서 남편에게 마지막 밤이니 포도주나 마시면서 이야기를 나누다가 가겠다고 하였습니다. 남편은 마지막 밤이라 허락하였습니다.

아내는 포도주를 마시는 척하면서 모두 쏟아 버렸습니다. 그리고 남편만 취하도록 마시게 하였습니다. 남편이 취하여 쓰러졌습니다. 남편이 자고 일어나 보니 아내 친정집이었습니다.

"여보! 여기가 어디야?"

"친정집이에요."

"내가 왜 여기 누워 있어?"

"당신이 당신 집에서 가장 좋은 것 하나 가지고 가라고 하지 않았어요? 당신 집에서 가장 좋은 것은 당신이에요."

이 말을 듣고 남편은 "사랑해" 하면서 아내를 다시 데리고 왔습니다. 그 여자는 계속 주는 여자, 구제하는 여자가 되었습니다.

• 다비다 이야기

탈무드는 받을 것을 기대하지 않고 주는 선행을 고급 선행으로 분류하고 있습니다. 그런 사람이 사도행전 9장에 등장하는 다비다입니다. 욥바에 다비다라는 사람이 살고 있었습니다. 그는 다시 도로 받을 수 없는 가난한 사람들에게 선행을 베풀어 왔습니다. 그런 그가 죽었습니다.

그때 마침 베드로가 옆 동네에 와서 복음을 증거하고 있었습니다. 욥바에 있는 기독교인들이 베드로에게 연락을 하였습니다. 베드로가 다비다의 집에 가보니 도움을 받았던 이들이 다비다 집에 몰려와 슬피 울고 있었습니다.

베드로는 마음에 감동을 받았습니다. 죽을 때까지 선행과 구제하는 삶을 살다 간 다비다가 존경스러웠습니다. 베드로는 시체를 향하여 외쳤습니다.

"다비다야! 일어나라."

성경은 이렇게 말하고 있습니다.

"그가 눈을 떠 베드로를 보고 일어나 앉는지라"(행 9:40).

다비다는 구제하며 살더니 자기가 생명을 다시 얻었습니다. 최고의 축복을 받았습니다. 최상의 보상을 받았습니다.

• 맹사성 이야기

맹사성은 19살에 장원 급제하여 20살에 파주 군수가 되었습니다. 당당하고 자만심이 하늘을 찌를 것 같았습니다.

어느 날 그는 도를 닦는 도인을 찾아가서 도도하게 물었습니다.

"내가 파주를 다스릴 때 가져야 할 마음을 가르쳐 주십시오."

도인은 조용히 말했습니다.

"선행을 많이 베푸십시오. 그러면 사람들이 존경할 것입니다."

맹사성이 말했습니다.

"그런 평범한 이야기를 들으려고 이렇게 먼 길을 온 것은 아닌데요."

도인이 말했습니다.

"그것 하나뿐입니다."

맹사성이 일어나려고 하자 도인이 말했습니다.

"차나 한잔 들고 가시지요."

그리고 잔을 맹사성 앞에 놓고 도인은 차를 따랐습니다. 그런데 흘러 넘쳐도 자꾸만 따랐습니다.

"왜 잔이 넘치는데도 자꾸만 따르십니까?"

도인은 대꾸도 하지 않고 계속 따랐습니다. 차고 넘쳐서 방바닥이 흥건하게 되었습니다. 도인은 한 주전자를 다 따르고 나서 말했습니다.

"넘치면 문제입니다."

맹사성이 일어나서 가려고 하다가 문지방에 머리를 부딪쳤습니다. 도인이 말했습니다.

"고개를 숙이면 안 부딪칩니다."

• 결론

이스라엘에 마이모니데스라는 유명한 랍비가 있습니다. 그는 구제에 대하여 8단계가 있다고 정리하였습니다.

제1단계 – 가장 낮은 단계입니다. 억지로 주거나 주고 나서 후회하는 단계입니다. 마음으로 준 것이 아니라 손으로 준 것입니다.

제2단계 – 즐겁게 주었지만 고통 당하는 사람의 아픔을 달랠 수 없을 정도로 조금 준 단계입니다.

제3단계 – 즐겁게 알맞게 주었지만 달라고 할 때 준 단계입니다.

제4단계 – 즐겁게 주었고, 알맞게 주었고, 달라고 하기 전에 주었지만, 주어야 할 사람의 손에 쥐어 줌으로 받는 사람이 부끄러움을 느끼는 단계입니다.

제5단계 – 즐겁게 주었고, 알맞게 주었고, 달라고 하기 전에 주었고, 누구에게 주었는지 알지 못하게 준 단계입니다. 그래서 어떤 이는 등 뒤에다 호주머니를 만들고 돈을 넣고 다니면서 어려운 사람이 꺼내 가게 하였습니다.

제6단계 – 준 사람은 누구에게 주었는지 알지만, 받는 사람은 누가 주었는지 모르는 단계입니다. 그래서 구제를 좋아하는 어떤 이는 배고픈 사람이 있다고 하면 몰래 담을 넘어 양식 자루를 던져 주고 돌아왔습니다. 이것이 6단계입니다.

제7단계 – 준 사람은 누구에게 주었는지 모르고, 받은 사람은 누가 주었는지 모르는 단계입니다. 그래서 성전 안에는 '침묵의 방'이라는 방이 하나 있었다고 전해지고 있습니다. 돈 있는 사람은 그곳에 돈을 넣습니다. 가난한 사람은 그곳에 가서 자기가 필요한 만큼만 꺼내옵니다. 누가 넣었는지 모르고 누가 가지고 갔는지 모르는 방이라 해서 침묵의 방입니다. 이 단계가 7단계입니다.

제8단계 – 미리 구제함으로 이 땅에 가난한 사람이 아예 없게 하는 단계입니다. 장사하는 법을 가르쳐 줍니다. 유능한 사람에게 밑천을 대주어 사업하게 합니다. 이것이 가장 고차원적인 구제 단계입니다.

그렇습니다.

존경받는 사람들 속에는 구제 DNA가 흐르고 있습니다. 이런 DNA가 흐르는 사람을 사람들은 존경합니다.

제7의 DNA 노을 성격

존경받는 사람은 존경을 받을 만한 그 무엇이 있습니다.
그중에 중요한 DNA가 있습니다. 노을 성격입니다. 노을 성격이 무엇일까요?

르네상스 시기의 천재 화가 레오나르도 다빈치에게 어떤 사람이 물었습니다.
"당신은 수많은 그림을 그렸습니다. 그런데 그림을 그리면서 가장 그리기 힘든 것은 무엇이었습니까?"
한참을 생각하던 다빈치가 말했습니다.
"저녁 해질 녘에 저 들에 드리워진 노을을 그리기가 가장 힘들었습니다."
그는 다시 물었습니다.

"왜 노을을 그리기가 그렇게 힘든가요?"
다빈치가 대답하였습니다.
"저녁노을에는 빛과 어두움이 공존합니다. 빛만 있어도 그리기가 쉽고, 어두움만 있어도 그리기 쉽습니다. 그러나 빛과 어두움의 조화를 그리기란 그리 쉬운 것이 아니었습니다. 그러나 잘 그리기만 하면 명작이 됩니다. 조화를 잘 그리면 명화가 되지요."
그렇습니다. 조화란 어려운 것입니다. 노을 성격이란 이질적인 두 요소가 조화를 이루는 성격입니다.

개 훈련을 시키는 분에게 물어 보았습니다.
개를 훈련시킨 후 3일을 굶깁니다. 그리고 고기를 앞에 던집니다. 그리고 주인이 말합니다.
"먹어!"
그렇게 말하기까지는 가만히 고기를 보고만 있습니다. 그러면 개 훈련은 완성된 것입니다.

양궁 선수의 훈련은 언제 끝나는 것일까요? 활을 쏘는 자세로 왼손을 수평으로 쳐들고 그 위에 물컵을 올려놓습니다. 그리고 물컵 속에 물이 흔들리지 않으면 양궁 선수의 훈련이 끝나는 것입니다.

칼싸움을 하려고 칼 훈련을 하는 사람의 훈련은 언제 끝나는 것일까요? 머리칼을 놓고 세로로 머리칼을 자를 수 있으면 칼 사용이 완성되는 것이랍니다.

인격의 완성은 언제일까요?

노을 성격이 되면 인격의 완성이라고 인정할 수 있습니다. 그러면 노을 성격이란 어떤 성격을 말하는 것일까요? 노을은 한마디로 조화입니다. 밤과 낮의 조화, 밝음과 어두움의 조화입니다. 조화된 성격이 완성된 인격입니다.

• 모세형 노을 성격

모세형 노을 성격은 강과 약의 조화를 이룬 성격입니다. 모세는 살인할 정도로 성격이 급한 사람이었습니다. 그러나 나중에 모세는 자기를 향하여 자기가 이런 고백을 하였습니다.

"이 사람 모세는 온유함이 지면의 모든 사람보다 더하더라"(민 12:3).

그리고 바로 나오는 사건이 있습니다. 광야에서 문제를 일으켰다고 하면 잡족들이었습니다. 애굽으로 돌아가자고 잡족들이 먼저 문제를 일으켰습니다. 고기, 부추, 마늘이 먹고 싶다고 문제를 일으켰습니다.

그때 모세가 잡족 구스 여자와 결혼을 합니다. 분명히 정략결혼이었습니다. 그때 미리암이 모세를 비난하였습니다. 왜 이방 여자, 얼굴이 검은 여자와 결혼하느냐는 것이었습니다. 하나님이 미리암의 얼굴에 문둥병이 들게 하셨습니다. 형 아론이 모세에게 기도를 부탁하였습니다.

모세는 하나님께 자기를 비난하다가 문둥병에 걸린 미리암을 고쳐 달라고 부르짖으며 기도하였습니다.

"원하건대 그를 고쳐 주옵소서"(민 12:13).

하나님께서 모세의 기도를 들으시고 미리암의 병을 고쳐 주셨습니다. 모두 민수기 12장에 있는 이야기입니다. 사람을 죽일 정도의 혈기가 다 죽고 온유한 성격으로 노을 성격이 되었습니다.

존경받는 사람 속에는 강하면서도 약하고, 약한 것 같은데 강한 노을 성격의 DNA가 흐르고 있습니다.

존경받는 사람은 강약의 노을 DNA가 흐르고 있습니다. 강할 때 강하고 온유해야 할 때에는 참아야 합니다.

유명한 연기자 한 분이 무대에 오르기 직전이었습니다. 옆에 있던 제자가 신발 끈이 풀어졌다고 일러 주었습니다. 그는 신발 끈을 다시 고쳐 맸습니다. 제자가 밖으로 나갔습니다. 그 연기자는 신발 끈을 다시 풀었습니다. 옆에 있던 연기자가 물었습니다.

"왜 신발 끈을 다시 풀지요?"

연기자가 대답하였습니다.

"내 역할은 여행을 장기간 하고 지쳐서 돌아오는 여행자입니다. 피곤 그리고 지침을 표현하기 위해 신발 끈을 풀고 걷는 연기입니다."

다시 옆에 있는 연기자가 말했습니다.

"그러면 왜 그 사람에게 그렇게 설명하지 않았나요?"

연기자가 대답하였습니다.

"그 사람은 세밀한 관찰력을 가지고 있습니다. 그리고 나에게 관심을 가지고 있습니다. 나에게 친절하게 가르쳐 준 것입니다. 그 은혜에 보답할 필요가 있지요. 그가 지적한 것이니 매고 다시 풀면 다 좋지요."

깊은 사람입니다.

이런 사람이 강온을 겸비한 노을 성격의 소유자입니다.

• 바울형 노을 성격

구약성경에서 가장 대표적인 노을 성격을 가진 사람이 모세라면, 신약성경에서는 바울을 손꼽을 수 있습니다. 바울의 노을 성격은 돋보입니다.

바울은 빌립보서에서 이렇게 말하고 있습니다.

"내가 궁핍하므로 말하는 것이 아니라 어떠한 형편에든지 내가 자족하기를 배웠노니 내가 비천에 처할 줄도 알고 풍부에 처할 줄도 알아 모든 일에 배부르며 배고픔과 풍부와 궁핍에도 일체의 비결을 배웠노라"(빌 4:11-12).

바울은 비천할 때도 잘 살고 풍부할 때에도 잘 적응하는 노을 DNA가 진하게 흐르고 있었습니다. 배부를 때에도 배고플 때에도 언제나 잘 견디는 비결을 배웠습니다.

어떤 이는 이를 '타원형의 삶'이라고 표현하였습니다. 타원은 중심이 둘인데도 조화를 잘 이룹니다.

소크라테스에게 한 젊은이가 물었습니다.
"세상에서 가장 부유한 자가 누구입니까?"
소크라테스는 대답하였습니다.
"가장 적은 것에 자족하는 사람이다."

지금 지구는 무려 시속 107,200km의 속도로 달리고 있습니다. 비행기가 그렇게 달린다면 곧 폭발할 것입니다. 그렇게 빨리 달리면서도 움직이지 않는 것 같은 조화가 멋진 조화입니다.
매일 우리 몸에서는 천문학적인 수의 세포가 죽고 다시 생기곤 합니다.
백혈구는 13일 만에 다 바뀝니다. 적혈구는 120일이면 모두 새롭게 바뀌게 됩니다. 간장도 평균 42일 정도면 새롭게 됩니다. 사랑하는 이의 아름다운 피부도 사실 30일 정도면 바뀌고 뼈도 90일 정도면 새롭게 태어납니다. 늘 새로우면서도 늘 그대로인 것 같은 조화가 노을 성격입니다.
축복받고 산 사람들은 언제나 낙천적이며 미래를 소망있게 바라보는 긍정적인 사람이었습니다.

지난 주간 어느 음식점에 들어갔습니다. 테이블 위에 수저를 놓는 깔판 종이 위에 글이 쓰여져 있었습니다. "나이 든 사람 지혜롭게 살기"라는 글이었습니다.

늙으면 설치지 말고 미운 소리, 우는 소리, 헐뜯는 소리, 그리고 군소릴랑 하지 말고 조심조심 일러주고, 알고도 모르는 척 어수룩하소. 그렇게 사는 것이 평안하다오. 이기려 하지 마소. 져 주시구려. 한 걸음 물러서서 양보하는 것, 지혜롭게 살아가는 비결이라오.

돈, 돈 욕심을 버리시구려. 아무리 많은 돈을 가졌다 해도 죽으면 가져갈 수 없는 것, 많은 돈 남겨 자식들 싸움하게 만들지 말고, 살아가는 동안 많이 뿌려서 산더미 같은 덕을 쌓으시구려. 언제나 감사함을 잊지 말고 항상 고마워하시구려.

그렇지만 그것은 겉 이야기. 정말로 돈 놓치지 말고 죽을 때까지 꼭 잡아야 하오. 옛 친구 만나거든 술 한잔 사주고, 손주 보면 용돈 한 푼 줄 돈 있어야, 늘그막에 모두가 받들어 준다나……. 우리끼리 말이지만 사실이라오.

옛날 일들일랑 모두 다 잊고 잘난 체 자랑일랑 하지 마소. 우리들의 시대는 다 지나갔으니 아무리 버티려고 애를 써 봐도 이 몸이 마음대로 되지 않소.

그대는 뜨는 해, 나는 지는 해, 그런 마음으로 지내시구려. 나의 자녀, 나의 손자 그리고 이웃 누구에게든지 좋게 뵈는 늙은이로 살으시구려. 멍청하면 안 되오. 아프면 안 되오. 늦었지만 바둑도 배우고 기(氣)체조도 하시구려. 아무쪼록 오래오래 살으시구려.

이런 글이었습니다. 얼마나 여유가 있는 말들입니까? 얼마나 조화의 DNA가 철철 흐르는 지혜의 언어입니까?
바울은 이런 노을 DNA가 흐르는 사람이었습니다.

• 다윗형 노을 성격

사람들은 존경받을 만한 DNA가 흘러야 그 사람을 좋아합니다. 존경받는 사람은 다윗과 같은 DNA가 흐르고 있습니다. 다윗의 DNA는 힘이 있지만 힘을 사용하지 않는 DNA입니다.

힘이 없어서 사용하지 못하는 것은 당연합니다. 그러나 힘이 있는데 참고 사용하지 않고 당하는 것은 노을입니다.

압살롬이 왕이 되려고 아버지 다윗을 죽이려 할 때 다윗은 아들을 죽이지 않고 도망쳤습니다. 이때 시므이가 따라오면서 돌을 던지며 비루한 자라고 조롱하였습니다.

"피를 흘린 자여 비루한 자여 가거라 가거라 사울의 족속의 모든 피를 여호와께서 네게로 돌리셨도다 그 대신에 네가 왕이 되었으나 여호와께서 나라를 네 아들 압살롬의 손에 붙이셨도다 보라 너는 피를 흘린 자인 고로 화를 자취하였느니라"(삼하 16:7-8).

이런 모습을 보다 못한 아비새 장군이 말했습니다.

"이 죽은 개가 어찌 내 주 왕을 저주하리이까 청컨대 나로 건너가서 저의 머리를 베게 하소서"(삼하 16:9).

이때 다윗이 아비새에게 한 말을 들어 보십시오.

"스루야의 아들들아 내가 너희와 무슨 상관이 있느냐 저가 저주

> 하는 것은 여호와께서 저에게 다윗을 저주하라 하심이니 네가 어찌 그리하였느냐 할 자가 누구겠느냐 내 몸에서 난 아들도 내 생명을 해하려 하거든 하물며 이 베냐민 사람이랴 여호와께서 저에게 명하신 것이니 저로 저주하게 버려두라 혹시 여호와께서 나의 원통함을 감찰하시리니 오늘날 그 저주 까닭에 선으로 내게 갚아 주시리라"
> (삼하 16:10-12).

다윗은 오히려 하나님이 더 복을 주실 것이라는 믿음을 가지고 이런 어려운 난관을 헤쳐 나가고 있는 모습을 볼 수 있습니다.

이승만이 정적들에게 잡혀 감옥에서 7개월을 생활한 적이 있었습니다. 보수파 박달복은 이승만을 캄캄한 방에 가두고 온갖 고문을 다 하였습니다.

며칠간 고문 후 칼을 목에 씌워 독방에 감금하였습니다. 이승만은 머리를 무서운 칼에 대고 배재학당에서 들은 설교를 기억하였습니다. 그는 중얼거렸습니다.

"오! 주여! 이 나라와 이 영혼을 구하여 주옵소서!"

이런 기도를 할 때 그의 마음에 평안이 깃들기 시작하였습니다. 감옥 생활을 호되게 하면서 도리어 민족애가 용솟음치며 대통령이 될 꿈을 가지게 되었습니다. 화가 도리어 복이 되리라는 믿음을 가진 이들은 화를 요리하는 요리사가 되었습니다.

다윗과 같이 화가 오히려 복이 될 것을 믿고 나아가는 이에게 승리가 있습니다.

다윗은 시므이를 당장 죽일 수 있습니다. 옆에 장군도 있고 군사도 있습니다. 시므이 한 명은 아무것도 아닙니다. 그러나 건드리지 않았습니다. 이같이 힘과 여유의 조화는 힘있는 사람만이 가질 수 있는 DNA입니다.

독수리는 새 중에 왕입니다.

독수리는 작은 새들이 덤벼들 때면 싸워서 능히 이길 수 있지만, 싸우지 않고 유유히 하늘로 치솟아 오릅니다. 그러면 작은 새는 높은 곳까지 올라올 수가 없습니다.

아버지와 아들이 이불 위에서 뒹굴며 팔씨름을 합니다. 아버지는 일부러 져줍니다. 그러면 어린 아들은 정말 자기가 이긴 줄 알고 신나서 기분이 좋아집니다.

힘이 있으면서도 져 주는 성격이 노을 성격입니다.

사람들은 이런 DNA가 흐르는 사람을 좋아합니다.

얼마 전에 우리 교회에서 모이는 두남 목장회 회원들이 송년으로 하룻밤을 자면서 영화를 한 편 보았습니다.

"창끝"(The end of the spear)

남미 아마존 강가 에콰도르 정글에 사는 와오다니족 청년 밍카야니의 이야기입니다. 1956년 짐 엘리엇, 네이트 세인트 등 다섯 명의 젊은 선교사들이 와오다니족에게 복음을 전하다가 살해당하는 이야기입니다.

복음을 전하다가 그들이 죽이려고 창을 들고 올 때 선교사들은 손에 총을 들고 있었습니다. 능히 이길 수 있습니다. 죽지 않을 수 있습니다. 그러나 죽이지 않으려고 죽습니다. 총을 하늘을 향해 쏘면서 창끝에 찔려 죽었습니다.

후에 총을 위로 쏜 것을 본 원주민이 목사가 되었습니다.

총을 가지고도 쏘지 않고 창 가진 이에게 죽는 것이 존경받는 사람의 DNA입니다.

• 노을 성격의 모델인 예수님

노을 성격의 모델이 있습니다. 바로 우리 주 예수 그리스도입니다. 우리는 오직 예수님만 바라보아야 합니다. 예수님만 온전하신 분이기 때문입니다.

그래서 히브리서 기자는 이렇게 말하고 있습니다.

> "믿음의 주요 온전케 하시는 이인 예수를 바라보자 저는 그 앞에 있는 즐거움을 위하여 십자가를 참으사 부끄러움을 개의치 아니하시더니 하나님 보좌 우편에 앉으셨느니라"(히 12:2).

그런데 예수님은 우리를 온전하게 하실 수 있는 분입니다.

> "모든 은혜의 하나님 곧 그리스도 안에서 너희를 부르사 자기의 영원한 영광에 들어가게 하신 이가 잠깐 고난을 받은 너희를 친히 온전케 하시며 굳게 하시며 강하게 하시며 터를 견고케 하시리라"(벧전 5:10).

노을 성격을 완성시켜 주실 분은 오직 예수님 한 분뿐입니다. 예수님의 노을 성격을 드러내는 가장 중요한 사건이 요한복음 8장에 나타나 있습니다.

예수님께서 감람산으로 가시던 중에 성전에 들어가셨습니다. 사람들이 많이 몰려왔습니다. 예수님이 편안하게 앉아서 말씀하고 계셨습니다. 그때 서기관과 바리새인들이 간음 중에 잡힌 여인을 끌고 왔습니다. 그리고 예수님께 물었습니다.

> "선생이여 이 여자가 간음하다가 현장에서 잡혔나이다 모세는 율법에 이러한 여자를 돌로 치라 명하였거니와 선생은 어떻게 말하겠나이까"(요 8:4-5).

이렇게 물어 본 것은 예수님을 올무에 걸리게 하려는 묘한 질문이었습니다. 간음한 여자를 끌고 온 것도 계획적이었습니다. 예수님에게는 두 가지 대답 중 하나밖에 없습니다.
"죽여라", "죽이지 말라."
만일 죽이라고 하면 예수님이 지금까지 말씀하신 '사랑하라'는 말씀에 어긋나게 됩니다. 예수님 말씀이 거짓말이 됩니다.
그렇다고 만일 '죽이지 말라'고 말씀하신다면 모세 율법을 어기는 것이 됩니다. 모세는 말했습니다.

> "누구든지 남의 아내와 간음하는 자 곧 그 이웃의 아내와 간음하는 자는 그 간부와 음부를 반드시 죽일지니라"(레 20:10).

이스라엘 백성들은 모세 율법을 절대적으로 믿고 따르고 있습니다. 모세 율법이 곧 법입니다. 모세 율법은 죽이라고 되어 있는데 예수님이 죽이지 말라고 하면 예수님이 모세 율법을 어긴 것이 되기에 예수님을 죽여야 합니다. 이래도 걸리고 저래도 걸리게 하는 묘한 질문입니다.

그때 예수님은 아무 말씀도 하시지 않고 땅에 엎드려서 무슨 글자를 쓰셨습니다. 그리고 일어나서 한마디 말씀하셨습니다.

"너희 중에 죄 없는 자가 먼저 돌로 치라"(요 8:7).

이 말씀을 듣고 사람들은 모두 양심의 가책을 받아 돌을 버리고 그 자리를 떠났습니다. 그런데 어른부터 젊은이로 파급되었습니다. 어른부터 떠났습니다.

예수님이 보니 그 여자와 예수님, 둘만 남았습니다. 예수님이 그 여자에게 말씀하셨습니다(요 8:10-11).

"여자여, 너를 고소하던 그들이 어디 있느냐 너를 정죄한 자가 없느냐."

"주여, 없나이다."

"나도 너를 정죄하지 아니하노니 가서 다시는 죄를 범치 말라"

예수님의 노을 성격의 특징이 있습니다.

1. 조화

노을 성격의 첫 DNA는 조화입니다.

'조화'를 국어사전이 어떻게 설명하는지 찾아보았습니다.

"사람의 힘으로는 어쩔 수 없이 신통하게 된 사물을 가리키는 말."

조화란 사람의 힘으로 되는 것이 아닙니다. 신통한 것입니다. 모든 것을 잘 어울리게 하는 것이 조화입니다.

간음한 여인의 사건은 참으로 긴장감을 조성케 합니다.
이제 한 여인을 돌로 때려 죽여야 하는 긴박감이 흐르고 있습니다. 끔찍한 모습이 전개되기 직전입니다. 한 여인이 비참하게 공개 처형을 당해야 합니다.
모든 사람은 죄가 드러나지 않았다고 살인자가 됩니다. 이런 긴박한 순간에 예수님은 조화를 이루셨습니다.
여인을 살렸습니다. 여인을 용서하셨습니다. 모두가 자기 죄를 깨닫고 슬그머니 돌아갔습니다. 모두 긴 한숨을 내쉬었을 것입니다.
여인은 긴 한숨을 내쉬며 말했을 것입니다.
"휴…… 살았다."
사람들은 집으로 돌아와서 중얼거리며 생각했을 것입니다.
'휴…… 나도 죄인이었구나! 그 여인에게 돌을 던질 뻔하였다.'
예수님은 모든 사건이 끝나고 혼자 말씀하셨을 것입니다.
"휴…… 끔찍한 사건을 막았다."
이를 본 제자들은 서로서로 말했을 것입니다.
"휴…… 피비린내 날 뻔한 사건을 예수님이 기가 막히게 막으셨다."
이것이 조화입니다.
예수님의 성격은 조화의 성격입니다. 조화의 인격이었습니다. 이것이 성격의 완성이요, 인격의 완성입니다.
사람들은 이렇게 조화를 이룬 노을 성격을 존경합니다.

2. 포용

노을의 성격은 포용입니다.

노을은 밤도 아니고 낮도 아닙니다. 밤과 낮을 다 포용하고 있습니다. 갯벌과 진펄은 땅도 아니고 바다도 아닙니다. 그러나 바다이기도 하고 땅이기도 합니다. 노을은 전체를 포용합니다.

예수님은 현장에 있던 사람들을 모두 포용하셨습니다. 간음한 여인은 죽을 뻔하다가 살아났습니다. 죽을 여인을 예수님은 포용하셨습니다. 예수님은 여인들을 죽이려고 하던 군중도 포용하셨습니다.

여인을 죽이고 예수님도 올무에 걸리게 하려고 하다가 자기들의 죄를 보고 조용히 떠났습니다. 남의 죄를 보다가 자기 죄를 보았습니다.

노을은 포용입니다. 전체를 포용할 수 있는 성격이 노을의 특징입니다. 일부를 사랑하기는 쉽습니다. 한두 사람을 사랑하기는 그리 어렵지 않습니다. 그러나 전체를 사랑하기란 그리 쉬운 일이 아닙니다.

노을 성격은 포용합니다. 포용하는 성격을 노을 성격이라고 말합니다. 사람들은 이런 포용의 DNA 인자를 가지고 있는 사람을 존경하게 되어 있습니다.

3. 아름다움

노을의 세 번째 특징은 아름다움입니다.

노을은 정말 아름다운 자연입니다. 해지기 직전에 서쪽 하늘을 붉게 물들이는 노을은 아름다운 장관을 이룹니다. 맑은 날 구름이 약간 끼어 있을 때 노을에 대한 작품 사진이 나옵니다.

노을 성격은 아름다운 성격입니다.

누가 보아도 아름답습니다. 꽃이 어디가 아름다운지 모르지만 꽃을 보면 아름다움을 느낍니다. 그 사람을 보면 꼭 집어 말하지 않아도 아름답습니다. 말이 아름답습니다. 행동하는 것이 아름답고, 생각이 아름답습니다. 남에게 찡그림을 주지 않습니다.

간음한 여인의 사건은 예수님의 아름다움을 그대로 보여주고 있습니다. 노을 성격의 주님의 모습을 그대로 드러내 주고 있습니다. 예수님은 노을이십니다.

우리 감리교 게시판에 올라온 글이 많은 사람들에게 감동을 주었습니다. 다음과 같은 글입니다.

> **우리 아버지의 은퇴를 축하하면서**
>
> 나는 아버지, 어머니란 말로도 가슴이 벅차다. 우리 가족은 아버지, 어머니, 아들만 3형제, 이렇게 다섯 식구다. 아버지는 어려서부터 뼈저리게 가난하셨던 분이다. 옛날 부산의 최고 명문이었던 경남중학교에 합격하시고도 가난이라는 두 글자 때문에 진학할 수 없으셨다.
>
> 결혼 후에도 가난은 계속되었다.
>
> 온 가족이 누우면 몸부림도 칠 수 없는 단칸방에서 살아야 했다. 거의 40년 가까이 된 얘기지만 생활비 1만 원 남짓한 돈으로 온 가족이 살아야 했다. 방 2개짜리 전세로 옮겨서는 무슨 용기이신지 조카 한 명까지 거두어 돌보셨다. 오랜 기간이 지나지 않아 그 사촌형

은 미국으로 이민 갔지만……。

그런 와중에 둘째 아들인 나는 돌이 되기 몇 달 전부터 원인 불명의 설사병으로 3개월 이상 고생하다가, 탈수 및 영양 실조로 죽음 직전에 이르렀다.

부모님은 온갖 병원으로 돌아다녔지만 허사였다. 마지막이란 맘으로 결혼 예물까지 전 재산 모두를 온전히 하나님 앞에 내려놓고 하나님께 눈물로 간구하셨다. 그 눈물 때문에 지금 내가 이 글을 쓰고 있다고 믿는다.

아버지는 부산서지방의 어느 교회에서 25세에 집사, 30세에 권사, 35세에 장로가 되신 후 성직자의 길을 조금 늦게 시작하셨다.

부교역자 생활을 하시던 중 1983년에 부산동지방의 어느 교회를 개척하시고, 1996년에 서지방으로 옮기셔서 목회하셨다. 단독 목회는 2개 교회에서 27년간 하시고 이번에 1년 앞당겨 자원 은퇴를 하신다.

내가 철없던 시절 아버지를 통하여 느낀 목회자의 모습은 가난, 희생, 봉사뿐이었다. 유창한 설교를 통하여 부흥시키는 목사님이 되길 바란 적도 있었고, 재미난 설교로 청중을 모으는 능력을 지닌 목사님이 되길 바란 적도 있었다. 하지만, 아버지는 항상 평범한 설교를 하는 조그만 교회의 목사님으로 27년을 지내셨다.

우리가 어린 시절 김치보다 고구마줄기 반찬을 많이 먹이셔야 했었고, 때로는 간장을 아들에게 반찬으로 주셔야 했었고, 어떤 날은 눈물 젖은 눈으로 쌀이 떨어졌다고 하셨고, 주스가 먹고 싶은 아들에게 주스에 물과 설탕을 타서 희석시켜 주셨던 아버지다. 떠먹는 요구르트가 나온 지 3-4년이 지난 후에야 처음으로 우리에게 사 주시고는 온 가족이 신 것 같다고 가게에 항의하러 갔다가 이상한 사람 취급받았던 우리 가족, 내가 고등학교 졸업할 때까지 단 한 번도 가족끼리 삼겹살 외식도 못 시켜준 가장이 나의 아버지시다.

형이 고등학교 3학년일 때, 학급 지원금 5만 원을 못 내셔서 키 작은 우리 형을 제일 뒷자리에 앉히신 아버지, 둘째인 나는 초등학교 5학년 때 심한 급성 간염으로 입원시키라는 의사의 말에도 3개월간 집에서 휴양시키셨던 아버지, 동생은 영양이 부족하여 소아 결핵에 걸려 투병하는 모습을 묵묵히 지켜보시던 아버지가 바로 나의 자랑스러운 아버지시다.

27년간 새벽 예배까지 한 번도 빠지지 않고 홀로 인도하셨고(연회 등의 공식적 출타는 제외), 한 번도 휴가가 없었던 무능한 목사님이 나의 자랑스러운 아버지시다.

못하는 설교 준비는 뒤로하고 27년간 교회 청소와 화장실 청소를 하신, 설교 전문 목회자가 아닌 미화 전문 목회자였던 나의 아버지, 장단 맞춘다고 27년간 교회의 부엌일을 하셨던 어머니, 그분들이 이제는 자랑스럽다.

2009년 만장일치로 부산서지방 감리사로 추대되시고도 감리사직을 사양하신 목사님이 우리 아버지시다.

훌륭한 분들은 감독님, 감독회장님도 하시는데 훌륭한 나의 아버지는 감리사도 못하시고 은퇴하신다. 은퇴하시면서도 교회에서 빈손으로 나오시며 헌금 더 하지 못해 죄스러워하시는 가난 전문 우리 아버지.

퇴직 적립금도 중간에 정산하셔서 전액 헌금하신 우리 아버지.

결혼 후 이제까지 40년간 추수감사헌금은 무조건 한 달 수입 전

액을 바치셨던 무모한 우리 아버지.

30년 전 운전면허 따시고 좋아하셨는데 결국 티코도 한 번 운전 못해 보신 우리 아버지.

하지만, 가난 속에서도 이웃을 도우시고, 가족을 위해 항상 기도하시고, 매일매일 전 교인의 이름을 불러가며 기도(교인이 많지 않아서 가능함^^)하시고 희생하시던 우리 아버지가 이제는 감히 자랑스럽다.

아들 한 명은 목회하기를 내심 바라셨지만, 아버지의 가시밭길 같은 목회를 보면서 우리는 절대 그렇게 살지 않기로 의기투합했던 우리 3형제가 조금 부끄러워진다.

어린 시절 철없이 하나님께 "30배, 60배, 100배의 열매를 주신다고 하셨으니 내가 어른이 되면 아버지보다 30배, 60배, 100배로 돈 벌게 해 주세요"라고, 어이없는 기도를 한 나에게 그 기도를 넘치게 이루어 주신 하나님은, 아마도 나의 기도가 아닌 아버지의 기도에 응답하신 것 같다.

지금 형은 세계 1위라고 하는 S전자 책임 연구원이 되었고, 나는 전문의가 되어 개원하였고, 동생은 한의사가 되었다.

세 명이 지금의 모습이 되기까지 수많은 우여곡절이 있었는데, 지금 생각해 보니 어느 것 하나도 하나님의 역사하심이 아닌 것이 없다. 아마 이제껏 가난하게 사신 아버지를 잘 모시라는 하나님의 뜻인 것 같다. 아버지에게 축복하시면 또 다 바치고 가난하게 지내실 것 같아서 아들들에게 맡기시는 하나님의 센스가 아닐까 싶다.^^

이 모든 것이 아버지의 기도와 희생의 결실이라는 것에 우리 3형제는 의심의 여지가 없다.

> 지금 지나고 보니 매주일 하셨던 아버지의 설교는 항상 평범했지만, 아버지의 70년 인생 자체가 가장 길고도 위대한 설교였다.
> 그것을 마흔이 되어서야 이제 깨달았다. 깨닫고 보니 아버지가 은퇴하신다. 돌이켜보면 인간적으로 가족의 추억은 가난과 어려움뿐이지만……. 하나님 앞에서는 은혜와 축복뿐인 세월이었다.
> 우리 가족 5명은 가족인 동시에 하나님이란 빛 하나만을 바라고 가난이라는 긴 터널을 지나면서 같이 수많은 은혜와 축복의 단비를 경험한 신앙의 동지였다.
> 아버지의 은퇴를 진심으로 찬하합니다.
> 하나님 아버지께 모든 영광 돌립니다.

이런 글이었습니다. 이런 글에 대하여 댓글들이 많이 달렸습니다. 대표적인 댓글 몇 개만 소개해 봅니다.

꾀꼬리 : 그 아버지와 어머니의 그 아들이십니다. 가난한 삶 속에서도 오직 주님만 바라보며 성역의 길을 걸어오신 부모님의 아름다운 섬김과 헌신의 모습을 불평이나 원망의 눈초리로 바라보지 않으시고 마음속에 사랑하며 공경하고 존경하시니, 주님 말씀대로 하늘의 상급이 넘치게 준비되고 땅에서 잘되고 장수하는 100배의 축복이 임하실 것 같습니다. 정말 그 부모님의 그 아들이십니다. 보기 아름답습니다.

예레미야 : 예수님과 같은 목사님입니다. 예수님이 여기 계시는군요. 세 분 아드님께서 아버님의 뜻을 이어 하시는 일을 통해

주님의 삶을 살아가시기를 기도하며 축복을 드립니다. 이 글을 보는 목사님들, 정신 차리시오.

베드로 : 글을 읽는데 눈물이 나네요. 목사님 사랑하고 존경합니다. 요즘 감리교를 생각하면 정말 한심한데, 그래도 이런 목사님 때문에 살맛 나네요.

암하렛츠 : 어떤 목사는 교회를 재산 증식의 도구로 삼습니다. 교인들 살살 꼬드겨 기도원 만들어 놓고는 뒷구멍으로 슬그머니 자기 앞으로 등기해 놓더니 교인들이 반발하니까 교회랑 법정 소송까지 벌이며 자기 것이라고 합니다. 거기다 은퇴비까지 내놓으라고 생떼를 쓰는 화인 맞은 목사도 있습니다. 그렇게 하늘에서 받을 상을 미리 받으려 애쓰다가 결국에 얻을 것은 문 밖에 쫓겨나 슬피 울며 이를 가는 것밖에 더 있을까요. 그 목사는 분명 하나님의 살아 계심을 믿지 않는 자일 것입니다. 그런 중에 아들을 통해 밝혀진 은퇴 목사님의 보석 같은 삶이 얼마나 반갑고 감사한지요. 목회자들에게 상처 입고 교회를 떠나는 이들이 부지기수인 때에 "이런 주님의 종도 있습니다. 다 그런 건 아닙니다"라고 말할 수 있어서 얼마나 다행인지 모르겠습니다. 정말정말 감사합니다.

작은이 : 글을 읽으면서 괜히 눈시울이 뜨거워지는 것은 어쩐 일입니까? 평생 하나님만 바라보면서 사역하셨던 목사님의 기도를 하나님께서 들으시고 축복하셔서 자녀들이 큰 복을 누리면서

살아가고 있는 것 같습니다. 아무리 교계가 시끄러워도 농촌이나 어촌 그리고 작은 교회에서 묵묵히 주님의 사역을 감당하시는 이런 목사님들이 계시기에 소망이 있습니다. 이 글을 읽으면서 지금까지 답답했던 마음이 확 트입니다.

美 : 너무 아름다운 이야기에 눈물이 나네요.

샘터 : 콧잔등이 시큰해지고 눈시울이 뜨거워지네요. 감동을 받았습니다. 좋은 글 감사합니다. 근데 누구신지 알 수 없을까요?

이런 것이 노을 DNA입니다.
예수님은 노을 성격의 완성자이십니다. 노을은 아름다움입니다.

저와 동창 목사님이 미국 스프링스에서 목회하고 있습니다.
한병칠 목사입니다. 그가 최근 감동 깊은 결혼 주례를 하였다고 말해 주고 있습니다.
첫눈이 내리던 12월 대강절 어느 날이었습니다. 머리가 하얀 두 노인 한 쌍이 찾아와서 결혼 주례를 부탁하였습니다. 사연이 기구하였습니다. 다 늙어 죽을 날이 얼마 남지 않았는데 서로 결혼하게 된 사연을 이야기하였습니다.
물론 둘 다 미국인입니다. 조지와 엘리자베스라는 두 노인은, 50년 전 한동네에서 같이 자랐습니다. 친구로서 서로 사귀다가 연애로 발전하여, 이른 나이에 양가의 허락을 받고 결혼했습니다.
그러나 젊은 나이에 가정을 이루며 살다 보니 젊은 혈기에 싸우는 일이 잦았습니다. 사소한 일로 자주 싸우다 보니 쌓이고 쌓였습니다. 별것 아닌 일로 이혼하자는 얘기가 나왔습니다. 자존심이 상하여 3년 만에 이혼하고 말았습니다.

둘 다 재혼하였습니다. 남자는 재혼하여 자녀를 낳았습니다. 그런데 늙어서 당뇨병에 걸렸습니다. 후유증으로 다리를 절며 지팡이를 짚고 다니는 신세가 되었습니다. 이제는 눈도 잘 안 보이고 귀까지 잘 안 들리게 되었습니다. 어느 날 재혼한 부인이 세상을 떠났습니다. 돌보아 줄 사람이 없어졌습니다.

한편, 여자는 간호사가 되었습니다. 재혼하고 두 딸을 낳았습니다. 그러던 어느 날 남편이 세상을 떠났습니다. 딸이 인터넷으로 어머니의 첫사랑 남자를 찾았습니다. 첫 남편이 혼자 살고 있다는 사실을 알게 되었습니다.

딸의 주선으로 50년 만에 둘이 다시 만나고 보니 여자는 건강한 간호사인데, 남자는 폐인이 다 되어 있었습니다.

전 남편을 보는 순간 여자가 마음을 바꾸었습니다.

"저 남자를 간호하며 평생 살자."

그리고 프러포즈를 하고, 다시 결혼하게 되었습니다.

성탄을 앞두고 둘이 결혼식을 올렸습니다.

따로 입장할 수 없어서 같이 손을 잡고 입장하였습니다.

여자는 결혼 서약을 할 때 너무 울어서 한참 걸려야 했습니다. 남자는 귀도 어둡고 눈도 어두워서 더듬거려야 했습니다.

한병칠 목사가 부부가 되었음을 공포하고 둘이 키스를 하는데, 꼭 껴안고 한참을 울면서 떨어지지 않았습니다. 이를 지켜보던 하객들은 모두 눈물바다를 이루고 말았습니다.

매년 고맙다고 성탄절이면 카드를 보내온다고 합니다.
이것이 노을 성격입니다. 노을 성격은 아름다운 성격입니다.

저는 진실로 유명한 목사가 되는 것보다 존경받는 목사가 되는 것이 꿈입니다. 소원입니다. 그래서 행동을 그렇게 해 보려고 애를 쓰고 있습니다. 그렇게 노력한 세 가지 이야기를 부끄럽지만 말씀드리고 싶습니다.

• 첫 번째 이야기 – 30주년 기념 이야기

30주년 연회 표창 자리에서 있었습니다. 30주년 표창 자리에 아무도 알리지 않고 혼자 갔었습니다. 물론 아내에게도 알리지 않았습니다. 혼자 울고 혼자 웃었던 과거 30년이었습니다.

12명이 강단에서 표창을 받고 인사를 하자, 모두가 우레와 같은 박수를 쳐주었습니다. 인사하고 들어가려고 할 때 난리가 났습니다. 각 교회 장로님들, 여선교회, 남선교회 회원들이 뛰어올라와 꽃다발을 안겨주고 걸어주고 선물을 나누어 주고 난리들이었습니다.

그때 저만 멍하니 서 있었습니다. 눈물이 핑그르르 돌았습니다. 옆에 서 있던 성수교회 박상칠 목사님이 꽃다발 5개를 안고 저를 보더니 불쌍하였던 모양입니다. 꽃다발 하나를 제게 내밀었습니다.

"괜찮아요."

이렇게 말하며 저는 눈물을 닦았습니다. 그리고 속으로 중얼거렸습니다.

'이제부터 나도 말하자.'

그리고 자리에 앉았을 때 주님의 음성이 들렸습니다.

'앞으로도 이렇게 살아라. 강문호야. 내가 알아주마!'
앞으로도 저는 그렇게 살 것입니다.

• 두 번째 이야기 – 부산 병원 이야기

부산에서 집회 중 몸이 아팠습니다. 아픈 몸을 억지로 가누면서 집회를 마쳤습니다. 그리고 서울로 오면 교인들 걱정을 시킬 것 같아서 부산에서 치료를 받고 올라가려고 병원에 갔습니다.

부흥회를 한 교회 목사님이 특실을 잡아 주면서 푹 쉬다 올라가라고 편의를 제공해 주셨습니다. 저는 그 목사님이 돌아가신 후, 3일 정도 입원하면 된다는 의사 진단을 받고, 3일치 예상 비용을 모두 카드로 지불하였습니다. 그 교회 목사님이 퇴원할 때 지불한다고 하시면서 돌아가셨지만, 그분이 지불할 것이 아니라 제가 지불해야 한다고 결론을 내렸기 때문입니다.

그리고 퇴원하기 전에 저를 치료한 주치의, 인턴 의사, 그리고 제 방을 드나들었던 간호사 3명의 선물을 준비하였습니다.

그들에게 고마움을 표하면서 선물을 모두 드리고, 목사님이 오시기 전에 퇴원하였습니다. 그리고 서울로 올라왔습니다. 그리고 이메일 주소를 일일이 알아 가지고 와서 서울에서 편지를 드렸습니다.

"그 병원에서의 3일간 입원은 마치 천국에 있었던 것처럼 아름다웠습니다. 당신의 사랑과 친절에 정말 감사드립니다. 다시는 입원하지 않게 되기를 바라지만, 만일 입원한다면 그 병원에 다시 가서 누워 있고 싶습니다."

이런 내용의 편지였습니다.

그후 저에게 연락이 왔습니다. 50년 된 병원인데, 50년 입원 환자

중에 최고 모범 환자로 저를 추대하였다는 것입니다. 입원비를 입원하자마자 지불하였습니다. 퇴원할 때 관계자 모두에게 선물을 드렸습니다. 퇴원 후 돌아와서 감사 편지를 올렸습니다. 매너가 완벽한 환자였다는 것입니다.

그래서 제 편지를 인쇄해서 입원 환자들에게 읽게 하였다는 것입니다. 입원비를 잘 내고, 나갈 때 선물을 주고, 가서 감사 편지 할 줄 아는 매너를 가지라는 권면이었습니다.

그리고 명절 때면 제게 선물이 주어졌습니다. 어떤 때는 멸치 한 박스, 어떤 때는 과일을 보내왔는데 그 안에 편지가 들어 있었습니다.

"우리 병원 모범 환자에게 드리는 선물입니다."

앞으로도 이렇게 아름답게 살고 싶습니다. 노을처럼 아름답게 살고 싶습니다.

• 세 번째 이야기 – 재수술

저는 25년 전에 복막 수술을 받았습니다. 부흥회를 인도하는데 배가 아팠습니다. 저는 거의 매주 집회를 인도하지만 그 교회는 1년에 한 번 집회를 합니다. 그래서 그 집회를 소홀히 여길 수가 없었습니다. 아픈 배를 움켜쥐고 집회를 인도하였습니다. 아픈 기색이 있으면 집회에 은혜가 덜할 것 같아서 조금도 아픈 기색을 보이지 않았습니다.

너무나 아파서 몰래 약국에 가서 진통제를 사서 한 움큼씩 먹으며 집회를 진행하였습니다. 집회를 마치자마자 병원으로 달려갔습니다. 맹장이 터져서 복막이 된 지 3일이었습니다. 수술을 하였습니다. 아내가 수술 현장에 들어갔습니다. 장이 조금 썩어 있었습니다. 회복된 후 의사가 말했습니다.

"내가 만난 환자 가운데 가장 미련한 환자입니다."

그후 조금만 피곤하면 장 유착이 왔습니다. 매년 병원에 가서 치료를 받아야 했습니다. 고생을 하게 되었습니다.

그런데 아산병원에 가서 정밀 검사를 받았더니 수술을 하면 장 유착이 오지 않게 된다는 것이었습니다. 수술을 하였습니다. 복막 수술한 곳을 다시 잘랐습니다. 그곳은 두 번 칼을 댄 곳이 되었습니다.

실을 풀었습니다. 그런데 하루 만에 수술 자리가 터졌습니다. 레지던트 의사가 그렇게 하였습니다. 나중에 알고 보니 수술한 자리는 3일 정도 더 두어야 한다는 것입니다. 레지던트는 그런 사실을 모르고 정상적으로 실을 푼 것이었습니다. 그래서 다시 터져 수술 자리가 벌어졌습니다.

이때 처방이 있습니다. 벌어진 자리에서 생살이 나올 때까지 기다리는 것입니다. 그래서 살을 벌려 놓고 3일간을 또 기다렸습니다. 그 통증은 이루 말할 수 없었습니다. 레지던트는 주치의로부터 이루 말할 수 없는 어려움을 당하였습니다. 쫓겨나지 않을 정도로 혼났습니다.

3일 후 다시 꿰고 며칠 기다려 다시 실을 풀었습니다. 퇴원하였습니다. 퇴원 후 며칠이 지났습니다. 수술한 자리가 또 아팠습니다. 알고 보니 실을 덜 풀어 잔재가 남아 있었던 것이었습니다. 아산병원에 가서 주치의를 만나면 그 레지던트는 반 죽을 정도로 혼날 것만 같았습니다. 그래서 다른 병원에 가서 풀었습니다. 물론 아산병원에 가면 무료로 풀 수 있었을 텐데 치료비를 따로 내고 일부러 다른 병원에 갔습니다.

아무도 모릅니다. 하나님만 아십니다. 앞으로도 이렇게 살기로 하였습니다.

노을은 아름다운 것입니다.

노을 성격을 달라고 하나님께 기도하였으니 이렇게 살아야 한다고 생각하고 있습니다.

4. 알파와 오메가

노을은 오메가와 알파입니다.

오늘은 낮의 끝이고 밤의 시작입니다. 밝음의 끝이고, 어두움의 시작입니다. 일의 끝이고 휴식의 시작입니다.

노을은 분기점입니다.

역사의 한 페이지를 끝내고 새로운 역사를 여는 장이 노을입니다.

예수님은 노을입니다.

예수님은 B.C.와 A.D.를 가르는 분기점입니다.

예수님은 구약과 신약을 가르는 분기점입니다.

노을 성격은 무엇인가를 마무리하고 새로운 시대를 열어 갑니다.

존경받는 사람은 변화가 있습니다. 자꾸만 새로운 것을 받아들입니다. 갱신합니다. 새 물결을 빨리 접하고 받아들입니다.

이런 노을 성격의 DNA를 가진 사람을 사람들은 존경합니다.

최근 일본 정부는 '의지의 기업인상'을 한 사람에게 주었습니다.

표창 받은 사람은 쇼가키 야스히코 씨입니다. 특이한 집안입니다. 아버지까지 37대가 의사입니다. 도쿄대학교 물리학과를 졸업하였습니다. 37대 의사 집안을 사업가 집안으로 변화시킨 것입니다.

그는 레스토랑을 시도하였습니다. 그러나 그리 쉬운 것이 아니었습니다. 어느 날 술 취한 사람이 난로를 넘어뜨려 가게가 몽땅 타버렸습니다. 완전히 망해 버렸습니다.

그후 야스히코는 스파게티 전문점을 열었습니다. 그는 의욕적이었습니다. 이탈리아로 직접 가서 스파게티 기술을 배웠습니다. 5년 동안 혼신의 힘을 쏟았습니다. 스파게티의 맛이 뛰어났습니다. 그러나 생각보다 저조하였습니다.

그는 고민 끝에 중요한 결단을 내렸습니다.

"오늘부터 모든 음식 값을 절반으로 내립니다."

이렇게 써 붙였습니다. 사업에 불이 붙었습니다. 체인점은 193개로 늘었습니다. 지난해 매출액은 2,400억 원이었습니다. 하루에 7억 원의 매상을 올렸습니다.

그에게 사업 성공의 비결을 물었습니다. 그는 당당하게 말했습니다.

"도전과 변화입니다."

사람들은 이런 노을 DNA가 흐르는 사람을 존경합니다.

맺는 말

지금까지 저는 존경받는 사람의 7가지 DNA를 찾아왔습니다.

1. 무소유
2. 유머
3. 집착
4. 역발상
5. 말
6. 구제
7. 노을 성격

선생은 많아도 스승이 없고, 학생은 많아도 제자가 없습니다. 목사는 많아도 목자가 없고, 교인은 많아도 성도가 없습니다. 집은 많아도 가정이 없고, 유명한 사람은 많아도 존경받는 사람이 적은 시대에 우리는 살고 있습니다.

7가지 DNA가 이 책을 읽는 여러분의 피 속에 녹아 흘러가기를 기도합니다.

|판 권|
|소 유|

존경받는 사람의 7가지 DNA

2011년 5월 20일 인쇄
2011년 5월 25일 발행

지은이 | 강문호
발행인 | 이형규
발행처 | 쿰란출판사

주소 | 서울특별시 종로구 이화동 184-3
TEL | 02-745-1007, 745-1301~2, 747-1212, 743-1300
영업부 | 02-747-1004, FAX / 02-745-8490
본사평생전화번호 | 0502-756-1004
홈페이지 | http://www.qumran.co.kr
E-mail | qumran@hitel.net
　　　　 qumran@paran.com
한글인터넷주소 | 쿰란, 쿰란출판사

등록 | 제1-670호(1988.2.27)

책임교열 | 김향숙 · 송은주

값 10,000원

ISBN 978-89-6562-098-3　93230

* 이 출판물은 저작권법에 의해 보호를 받는 저작물이므로 무단 복제할 수 없습니다.
　잘못된 책은 교환해 드립니다.